Friedrich Aly

Horaz

Sein Leben und seine Werke

Friedrich Aly

Horaz
Sein Leben und seine Werke

ISBN/EAN: 9783743314733

Hergestellt in Europa, USA, Kanada, Australien, Japan

Cover: Foto ©Thomas Meinert / pixelio.de

Manufactured and distributed by brebook publishing software (www.brebook.com)

Friedrich Aly

Horaz

Gymnasial-Bibliothek.

Herausgegeben von

Prof. Dr. E. Pohlmey, und **Hugo Hoffmann,**
Gymnasialoberlehrer. Gymnasialoberlehrer.

Fünfzehntes Heft:

Horaz

von

Dr. Friedrich Aly.

Gütersloh.
Druck und Verlag von C. Bertelsmann.
1893.

Horaz,

sein Leben und seine Werke.

Von

Dr. Friedrich Aly,
Oberlehrer am Kloster U. L. Frauen in Magdeburg.

Gütersloh.
Druck und Verlag von C. Bertelsmann.
1893.

Der Niedergang des römischen Freistaates begann um dieselbe Zeit, als die römische Litteratur ihre Geburtsstunde feierte. Im Jahre 241 v. Chr. wurden die letzte Bürgertribus und die erste Provinz eingerichtet. Indem der Senat die natürlichen Grenzen Italiens überschritt, sah er sich einer Aufgabe gegenüber, der er zum Heile der Menschheit nicht gewachsen war. Das starre Römertum unterwarf zwar im Laufe zweier Jahrhunderte die Länder des Mittelmeerbeckens seiner Herrschaft, dank seiner zähen Tapferkeit und politischen Klugheit; aber es büßte in demselben Maße an innerer Kraft ein, was es an äußerer Macht gewann. Mit unwiderstehlicher Gewalt drang die Geistesbildung des besiegten Griechentums in das Herz Italiens ein und bezwang den trotzigen Sieger. Um das Jahr 240 v. Chr. übersetzte der Freigelassene Livius Andronicus die Odyssee in römische Saturnier und vermittelte die erste Bekanntschaft mit den griechischen Tragikern. So verlor zwar Rom je mehr und mehr die großartige Einseitigkeit, die in ihrer Beschränkung auf das praktische Leben seine Stärke war, aber es trat dafür in die erste Reihe der Kulturvölker ein und vermittelte griechische Kunst und Wissenschaft, mannigfach bereichert, den Völkern des Nordens. Und was das Rom der Scipionen und Cäsaren gethan hatte, das wiederholte sich um die Wende der neueren Zeit in Humanismus und Renaissance; das trat zum drittenmal in die Erscheinung im Zeitalter der Humanität. Wahrlich, wir reden nach menschlichem Ermessen mit Recht von einem ewigen Rom.

In drei Stufen vollzog sich die Verschmelzung des griechischen Geistes mit dem Römertum, im Zeitalter des Ennius, des Cicero, des Augustus. Ennius schuf seinem Volke durch die Zucht des daktylischen Hexameters eine Dichtersprache und begründete damit die archaische Periode der römischen Litteratur, die von Plautus und Terenz bis Catull und Lucrez reicht. Cicero that für die Prosa, was Ennius für die Poesie gethan hatte; er führte als ein Sprachmeister ohnegleichen die Sprache der Rede und der Wissenschaft auf die Höhe der Vollendung. Aber erst unter der staatsklugen Herrschaft des

Augustus durchdrang griechische Anmut und griechisches Maß das kriegsmüde, schönheitsdurstige Geschlecht. Seinem und seines Freundes Mäcenas einsichtigem Wohlwollen verdankten die Dichter der goldenen Latinität Frieden und Muße; ihm verdankt die gebildete Nachwelt die köstlichen Früchte, die aus der Vereinigung griechisch-römischen Wesens entsproßten. Vergil und Tibull, Properz und Ovid verdienen es, neben den Dichtern von Hellas zu stehen; in keinem der Augusteischen Dichter aber haben sich die Vorzüge der beiden großen Kulturvölker inniger verschmolzen, als in Horaz. Er ist in Wahrheit zugleich ein Grieche und ein Römer.

Quintus Horatius Flaccus wurde am 8. Dezember des Jahres 65 v. Chr. unter dem Konsulate des Torquatus und Cotta zu Venusia, einem Landstädtchen Süditaliens, als Sohn eines Freigelassenen geboren. Von seinem äußeren Leben wissen wir fast nur, was er uns selbst in seinen Gedichten erzählt hat. Eine dankenswerte Ergänzung dazu gewährt uns die Vita des C. Suetonius Tranquillus, der ein zwar nüchterner, aber im ganzen zuverlässiger Berichterstatter ist, wenn er sich auch von der Verbreitung kleinlichen Klatsches nicht frei gehalten hat. Was wir von Horaz wissen, genügt uns; das heutzutage beliebte Hervorzerren des Privatlebens bedeutender Männer verrät nicht echte Wissenschaftlichkeit, sondern kleinliche Neugier.

Die Heimat des Dichters war zur Zeit der schlimmen Samniterkriege als ein vorgeschobener Posten an dem Berührungspunkte der Landschaften Apulien, Lucanien und Samnium von den Römern mit Kolonisten belegt worden, die nach alter Gewohnheit mit dem Pfluge zu sichern wußten, was sie mit dem Schwerte gewonnen hatten. Unfern der Stadt ragte der Geierberg auf, an den Horaz ein wundersames Erlebnis seiner Kindheit knüpft. Dort haben einst Tauben den verirrten, von Schlaf überwältigten Knaben mit Lorbeer und Myrte bedeckt; natürlich ein sinniges Märchen, das auf den Dienst des Apollo und der Venus hindeutet. Von der Mutter und etwaigen Geschwistern hören wir nichts, wohl aber kennen wir den Vater, dem der dankbare Sohn ein Ehrendenkmal gesetzt hat. Ursprünglich unfreien Standes, betrieb jener nach seiner Freilassung das Gewerbe eines Einnehmers. Die alten Römer pflegten nämlich den Kleinhandel nicht nach unserm Brauch durch Schaustellung in Läden zu betreiben, sondern übergaben ihre Waren oder Erzeugnisse einem Verkäufer (praeco), der sie an die Meistbietenden losschlug; das einkommende Geld zog ein Einnehmer (coactor) gegen eine Provision von einem Prozent ein. Hierdurch hatte sich der Vater des Dichters ein mäßiges Vermögen erworben; er besaß ein Haus und ein Gütchen in Venusia. Aber der wackere Mann fand seine Befriedigung nicht im Erwerb oder Genuß; er kannte noch ein höheres Ziel, er wollte seinem Sohne die Bildung verschaffen, die er selbst gewiß schmerzlich vermißte. Jedoch war es nicht eitler Ehrgeiz, der ihn zu großen Opfern veranlaßte. Nicht damit der Sohn ein vornehmes oder einträgliches Amt ergattere, besuchte er die **höhere Schule**, sondern nur damit er einer harmonischen Ausbildung seiner Geistesgaben teilhaftig werde, selbst auf die Gefahr hin, daß er, wie sein Vater, nur eine unscheinbare Lebensstellung einnehmen sollte; eine wahrhaft vornehme, unsere Zeit tief beschämende Wertschätzung edler Geistesbildung. Der Sohn sollte nicht die Bürgerschule des Flavius in Venusia besuchen. Der Dichter gedenkt dabei grollend der großen und groben Söhne pensionierter Centurionen, unter deren Fäusten der kleine Sproß des bescheidenen Freigelassenen gelitten zu haben scheint. Er wurde nach Rom, sozusagen aufs Gymnasium, gebracht. Der Vater zog mit ihm in die Hauptstadt der Welt, nachdem er ohne Zweifel sein Gut verpachtet hatte. Er brachte den Knaben zu berühmten Lehrern und ließ es auch in äußerer Ausstattung an nichts fehlen, so daß ein Uneingeweihter den Sohn des Einnehmers nicht von dem eines Senators unterscheiden konnte. Einer seiner Lehrer war L. Orbilius Pupillus aus Benevent, ein gelehrter, aber galliger und verbitterter Mann, dessen Schlagfertigkeit in des Wortes schlimmster Bedeutung dem Dichter für immer im Gedächtnis blieb. Dort las er die ehrwürdige, aber hölzerne Übersetzung der Odyssee, dann die Ilias im Urtext. Grammatik und Rhetorik waren die Hauptfächer; neben der Muttersprache wurde das Griechische getrieben, das im römischen Reich etwa dieselbe Geltung hatte, wie im vorigen Jahrhundert in Deutschland das Französische. Aber neben dem **Unterricht** fehlte nicht die **Erziehung**, die kein Geringerer übernommen hatte, als der Vater, der selbst den Knaben als Hofmeister begleitete und auch in den Lehrstunden zugegen war, um ihn nicht nur vor jeder schlechten That, sondern auch vor jedem schimpflichen Wort zu bewahren. Das wollte etwas besagen in dem Lasterpfuhl der Großstadt. Rein und nüchtern war das Leben des heranwachsenden Jünglings, dessen Augen von dem scharf beobachtenden Vater auf solche Zeitgenossen gerichtet wurden, deren schändliches oder thörichtes Leben zu Tage trat. Er suchte den Sohn durch den Hinweis auf die verderblichen Folgen eines wüsten Lebens gegen Versuchungen zu festigen; auf seine eigene Einsicht berief er sich, wenn er ihn vor Verschwendung und Unsittlichkeit warnte, in der Hoffnung, daß die Macht der Gewohnheit den Jüngling später auf dem rechten Wege erhalten werde. Auch würdige Vorbilder stellte er ihm vor Augen, ohne die Vorschriften der philosophischen Sittenlehre heranzuziehen. Kurz, Horaz bezeugt es selbst, daß er nicht nur seine Reinheit, sondern auch seine hervorstechende Gabe, die Thorheiten der Menschen zu beobachten und zu verlachen, dem Vater verdankt, den er um keinen Preis, wenn ihm die Wahl frei gestellt würde, gegen vornehme oder reiche Ahnen vertauschen möchte.

Die Schulzeit verstrich, aber noch war des Vaters Sehnen nicht gestillt. Der etwa zwanzigjährige Jüngling bezog, vermutlich im Jahre 45, die Universität Athen, um philosophische Studien zu treiben, wie es bei den Söhnen vornehmer Familien Sitte war. Hier hat er in fröhlichem Jugendmut studiert und gezecht, letzteres sogar, wie er gesteht, zuweilen am frühen Morgen, hat Freunde gewonnen und Verse gemacht. Wir hören, daß er bei Theomnestus und Kratippus den Lehren der neueren Akademie gelauscht hat, die nach Karneades Vorgang auf Dogmen und System verzichtete und sich mit der Aufsuchung des Wahrscheinlichen begnügte. Von seinen Genossen nennt er O. Pompejus Varus. Da trat der große Umschwung seines Lebens ein. Im Herbst 44 erschien der angebliche „Tyrannenmörder" M. Junius Brutus in Athen und rief die studierende Jugend zu den Waffen. Die tönenden Worte „Freiheit" und „Vaterland" verfehlten ihre Wirkung auf die Brauseköpfe nicht. Leider galt die Begeisterung einer grundschlechten Sache. Zwar hat die geschichtliche Auffassung sich allzu lange von den republikanischen Lügenmärchen bestechen lassen, aber endlich ist die Wahrheit siegreich an den Tag gekommen. Die Ermordung Cäsars war nicht nur eine Schandthat erbärmlichster Feigheit, sondern vor allem ein politischer Fehler. Das Sündenmaß des Senatsregiments, das der parteiische Tacitus verherrlicht, war zum Überlaufen voll. Hier konnte nur Eins helfen, die Monarchie.

So dachte allerdings Horaz damals noch nicht. Mit Feuereifer trug er sich dem Brutus an, der ihn zum Militärtribunen ernannte und ihm dadurch zahlreiche Neider erweckte. Zwei Jahre ist er nun umhergezogen, und zwar bis nach Kleinasien, wo Brutus seinen unersättlichen Seckel füllte; er berichtet von einer drolligen Gerichtsverhandlung in Klazomenä, der er gewiß beigewohnt hat. Bei Philippi fiel im Jahre 42 die Entscheidung. Die „Freiheitshelden" gaben durch vorzeitigen Selbstmord ihre Sache preis, nicht minder ehrlos ergaben sich die Legionen. Horaz hat mitgefochten, ist aber, wie er wenigstens erzählt, unter Hinterlassung seines Schildes geflohen; ein Selbstbekenntnis, das ihm den thörichten Vorwurf der Feigheit zugezogen hat. Es ist nicht thatsächlich, sondern symbolisch zu verstehen. Die Tribunen trugen damals so wenig einen Schild, wie heute die Offiziere ein Gewehr. Er wollte durch diese Erdichtung seinen Vorbildern Archilochus, Alcäus und Anakreon, die alle dasselbe von sich berichten, noch ähnlicher werden. Aber was nun? Glücklicherweise bot der Herrscher des Westens, Cäsar Octavianus, den in die Heimat Zurückkehrenden Straflosigkeit an. Horaz machte davon Gebrauch und kehrte zur See nach Italien zurück. Unterwegs hatte er am lucanischen Vorgebirge Palinurus, vielleicht auch im adriatischen Meere, ein Unwetter zu bestehen, das ihn dem Schiff= bruch nahe brachte und ihm das Reisen zur See für immer verleidete. Kummervoll war auch sein Empfang: der Vater gestorben, Haus und Gut in der Heimat zu Gunsten der Veteranen eingezogen. Mit be= schnittenem Fittich, so schildert er sich selber, kehrte er heim, allerdings nicht ganz ohne Mittel. Wenn er in diesen Jahren von seiner Armut spricht, so ist es ganz verkehrt, ihn beim Worte zu nehmen. Er hatte noch so viel Barvermögen aus seinem Schiffbruch gerettet, daß er sich die Stelle eines Finanzsekretärs (scriba quaestorius) erkaufen konnte. Auch diese Stellung ist ungebührlich unterschätzt. Horaz befand sich in einem Amte, wie es etwa heute die Subalternen in unsern Ministerien einnehmen. Wichtiger ist uns seine Stimmung, da sie ihn zum Dichter gemacht hat. Tief vergrämt, unzufrieden mit sich und seiner Zeit, pessimistisch, wie man heute sagen würde, schaute er in die Zukunft. Nicht um Geld zu verdienen, sondern um seinem Zorne Ausdruck zu leihen, schrieb er die ersten Gedichte, die auf uns ge= kommen sind, etwa im Alter von 24 Jahren.

In Athen hatte er griechische Verse gemacht, war aber ver= ständig bald zur Muttersprache übergegangen, ohne jedoch die griechischen Vorbilder aus den Augen zu lassen. Der Parier Archilochus (um 700) war es, der Erfinder des iambischen Spottliedes, der ihn mächtig anzog. Ihm sind die 17 Epoden oder, wie er sie selbst nennt, Jamben nachgebildet, in denen seine Verbitterung sich Luft macht, um allmählich einer gelasseneren Stimmung zu weichen; sie sind in den Jahren 41—31 entstanden. Schon in seinem ältesten Gedichte, der 16. Epode, in der er seinen Gram über den neu entbrennenden Bürgerkrieg ausdrückt, zeigt er sich als Meister der Sprache und des Verses. Aber gleichzeitig baute er eine zweite Gattung an, die einzige, die als Originalleistung der römischen Litteratur anzusehen ist, die Satire. Die satura, nicht zu verwechseln mit den Satyrspielen der Griechen, bedeutet eigentlich weiter nichts, als eine Mischgattung; sie behandelt alle möglichen Stoffe, besonders aus dem bürgerlichen Leben, in beliebiger Form. So hat sie Ennius geschaffen, so M. Terentius Varro bearbeitet. Eine Beschränkung auf gebundene Darstellung und spottenden Inhalt gab ihr erst der Vorgänger des Horaz, C. Lucilius (180—103). Unser Dichter ging noch weiter und verwandte ausschließlich den daktylischen Hexameter, legte aber auf die Ausbildung der Sprache und des Verses viel größeres Gewicht, als der geniale, aber flüchtig arbeitende Lucilius. Zwar nennt Horaz seine Gedichte mit Vorliebe Sermonen, d. h. Plaudereien, und behauptet, daß sie gar nicht Dichtungen seien, sondern nur unscheinbar am Boden dahinkröchen. Aber es ist gefährlich, dem Spötter zu trauen und die vollendete Kunst zu verkennen, die sich nur anmutig zu verstellen weiß. Das erste Buch umfaßt zehn Satiren und ist zwischen 41 und 35 entstanden, das zweite, das acht Gedichte enthält, entstammt den Jahren 35—30. Auch in den Satiren bemerken wir zuerst eine gewisse Schärfe des Urteils, eine Bitterkeit des Humors, besonders im zweiten Gedichte des ersten Buches, die sich aber mehr und mehr zu einem gelassenen Lächeln über die Thorheiten der Menschen mildert. Horaz war kein Sittenprediger, noch weniger ein Pedant, wohl aber ein guter Beobachter, ein feiner Kopf und ein liebenswürdiger Spötter, dem es wohl anstand, lachend die Wahrheit zu sagen.

Diese Dichtungen begründeten sein Lebensglück, nicht nur in des Wortes grober Bedeutung, sondern auch in anderem, höherem Sinne. Es war eine merkwürdige Zeit. Nachdem der Römer sieben Jahrhunderte als Bauer und Kaufmann, Krieger und Staatsmann gerungen und geschaffen hatte, warf er sich mit der Glut der ersten Liebe auf die Litteratur, insbesondere auf die Dichtkunst. Zwei ihrer hervorragendsten Vertreter, der sanfte, damals schon hochgefeierte Vergil und der vielseitige Varius, lernten den jungen Anfänger kennen und schätzen. Durch sie wurde er dem wunderbaren Manne zugeführt, der eine einzigartige Stellung als Beschützer der schönen Künste am Hofe des Cäsar Octavianus einnahm, C. Cilnius Mäcenas. Von hohem Adel, klug und welterfahren, der vertraute Ratgeber des Kaisers, aber ohne Ehrgeiz, dabei feinsinnig und kunstliebend, hat Mäcen, dessen Name sprichwörtlich geworden ist, durch taktvolle Freigebigkeit und uneigennütziges Wohlwollen sich um jenes Zeitalter wohl verdient gemacht, das den Namen des Augusteischen oder des goldenen mit Recht trägt. Im Jahre 38 fand die erste Begegnung zwischen Mäcen und Horaz statt, wobei es ziemlich einsilbig und steif herging. Neun Monate darauf erhielt der junge Dichter die förmliche Einladung, sich künftig als ständigen Gast Mäcens betrachten zu dürfen. Als solcher hatte er die Verpflichtung, seinem Gönner am frühen Morgen beim Lever aufzuwarten (salutatio), ihn gelegentlich ins Theater, aufs Marsfeld, auf der Reise zu begleiten und an der Hauptmahlzeit nach Gefallen teilzunehmen, ein Verhältnis, das nicht ohne Gefahr für die Selbständigkeit des Dichters war, das aber, dank dem beiderseitig bewiesenen Takte, nur selten drückend geworden ist. Im Jahre 37 begleitete Horaz den vornehmen Freund auf einer wichtigen diplomatischen Sendung nach Brundisium, wo ein Abkommen mit dem eifersüchtigen Antonius, dem Teilhaber der Herrschaft, zustande gebracht wurde. Diese Reise hat uns Horaz mit unbeschreiblich guter Laune selbst erzählt. Selbstverständlich legte er in diesen Jahren seine Sekretärstellung nieder, indem er sich einen Stellvertreter annahm; aus der Korporation der Schreiber schied er nicht, da er bei einer späteren Gelegenheit zu einer gemeinsamen Beratung aufgefordert wird. Seine Lebensweise hat er uns selbst launig beschrieben. Die ersten Morgenstunden verbringt er auf dem Ruhebett, lesend oder schreibend. Dann tritt er seinen Spaziergang an und sucht auf dem Marsfeld die Turn- und Spielplätze auf, um mit einem Bade den Vormittag zu beschließen. Es folgt ein mäßiges Frühstück daheim und eine behagliche Siesta. Am Nachmittage erscheint der Dichter wieder auf der Straße, schlendert gemächlich über den Markt, wo er sich scherzend nach dem Preise der Waren erkundigt, hört lächelnd den Marktschreiern und Wahrsagern zu und kehrt, durch allerlei Beobachtungen bereichert, nach Hause zurück, wo ihn ein einfaches Mahl, Erbsen und Eierkuchen, von drei Sklaven auf einem Marmortisch serviert, nebst einem Kruge Landwein erwartet. Frei von Sorgen und Kummer, begiebt er sich zur Ruhe.

Sein behagliches Leben erfuhr bald eine willkommene Bereicherung. Ums Jahr 33, also im 32. Lebensjahre, erhielt er von Mäcen ein Gütchen im Sabinerlande geschenkt, vermutlich als Dank für die Widmung des ersten Satirenbuches. Unbeschreiblich groß war seine Freude und innig sein Dank. Wie später unser Walther von der Vogelweide, rief er jubelnd aus: „Ich han mein Lehen, hör es Welt, ich han mein Lehen!" Wir kennen das Gut des Horaz, als wären wir dort selbst zu Gast gewesen. Es lag in einem rechten Seitenthale des Anio (Teverone), hoch in den Bergen, durchströmt von der südlich fließenden Digentia (Licenza). Wir kennen den von fleißigen Bauern bewohnten Gau Mandela, die Höhen Lucretilis und Ustica, die Quelle Bandusia, im Liede verewigt. Der Dichter verpachtete seine Besitzung zum größern Teile; er nennt fünf Pächter, die ihre Erzeugnisse nach Varia (Vicovaro) zu Markte brachten. Er selbst behielt für sich das nach Süden belegene Haus, den Garten und den eine Anhöhe sich hinaufziehenden Wald, den er gern durchstreifte. Hier hauste sein Verwalter mit acht Sklaven, hier war auch eine Schaffnerin thätig, hier weilte der Dichter am liebsten, fern von dem Dunst, den Schätzen und dem Lärm des glückseligen Rom. Regelmäßig verbrachte er hier den in der Weltstadt so ungesunden Spätsommer, oft bis zum ersten Schnee, teils mit ländlicher Arbeit das Lächeln der Nachbarn herausfordernd, teils in gute Bücher vertieft oder dichterisch thätig. Er dankt den Göttern, daß er sich nicht früh morgens auf dem Forum einstellen muß, um Rechts- oder Geldgeschäfte zu erledigen, um sich zu drängen und zu stoßen, um lästige Bittsteller abzufertigen. Gerettet vor den schwelgerischen Mahlzeiten der Hauptstadt, schildert sich der Dichter, wie er seine einfache Hausmannskost, Kohl oder Bohnen mit Pökelfleisch in einem Topfe gekocht, zu sich nimmt, wie er freundlich die als Kinder des Hauses behandelten Sklaven abspeist, wie er am Abend die wackeren Nachbarn versammelt zu gemütlicher Tafelrunde. Da wird nicht geschlemmt nach den unsinnigen Gesetzen des großstädtischen Komments, da wird nicht geklatscht und verleumdet, sondern bei mäßig gefülltem Becher wird das Lieblingsthema des Dichters erörtert, was das Beste sei in der Welt.

Ob der Dichter noch eine andere Besitzung hatte, darf bezweifelt werden. Allerdings spricht Sueton von einem Hause in Tibur (Tivoli), und in der That nennt Horaz mehrfach die noch heute lieblich gelegene Stadt als seinen Lieblingssitz. Wahrscheinlich hatte er in Tibur ein bescheidenes Absteigequartier, das aber schwerlich mit der heute gezeigten „Villa des Horaz" identisch ist. Außer Tibur bevorzugte er das warme, freundliche Tarent und das berühmte Modebad Bajä oder eine andere Seestadt, wo er zuweilen später den Winter verbrachte. In Rom hatte er selbstverständlich ein eigenes Haus. Wir sehen also, daß Horaz, dank der Güte seines Gönners, in äußerst behaglichen Verhältnissen lebte, ebenso fern, wie er sagt, von der Pracht des Königspalastes, wie von dem Schmutz der verfallenen Hütte.

Das Jahr 30 bildet für den fünfunddreißigjährigen Dichter einen wichtigen Wendepunkt, zunächst in poetischer Hinsicht. Alle Epoden und Satiren sind, soweit wir urteilen können, vor diesem Jahre geschrieben, alle Oden und Episteln in oder nach diesem Jahre. Zugleich macht sich um dieselbe Zeit eine Wandlung in seiner politischen Haltung bemerkbar; bis zu diesem Jahre hatte er sich parteilos des Urteils über politische Dinge begeben. Auch das ändert sich. Aber bevor wir hierauf eingehen, wollen wir die Gedichte der ersten Periode einer eingehenden Würdigung unterziehen.

Horaz rühmt sich, zuerst die Jamben des Archilochus nachgebildet zu haben, ohne ihm in der Anordnung der metrischen Reihen oder gar im Inhalt gefolgt zu sein; er hat die epodische Verbindung eines längeren und kürzeren Verses in die römische Litteratur eingeführt. Die ersten zehn Gedichte sind rein iambisch, ebenso das aus lauter Trimetern bestehende letzte; in den übrigen hat er iambische und daktylische Maße mannigfach kombiniert, z. B. in der ältesten Epode (16), deren Hexameter der Verschleifung entbehren, während die iambischen Trimeter ganz rein gebaut sind. Diese beginnt eine Reihe politischer Gedichte, die anfangs schwermütigen Gram, später herzliche Freude bezeugen. Beim Ausbruch des perusinischen Krieges im Jahre 41 wähnt der Dichter den Untergang des Vaterlandes vor der Thür. Daher rät er seinen Mitbürgern zu einem Entschlusse verzweifelten Mutes: wie einst die glorreiche Bürgerschaft Phokäas beim Herannahen der Perser, so sollen die Römer die Heimat feierlich verwünschen und dann zu Schiff die Inseln der Seligen aufsuchen, die im fernen Westen eine glückselige Zuflucht den Frommen gewähren. Mit begeisterten Worten malt Horaz, nur etwas wortreich, den Frieden und Segen jenes geträumten Paradieses. Die künstlerische Vollendung dieses aus tiefstem Herzen gequollenen Gedichts läßt uns mit Sicherheit vermuten, daß Horaz sich schon lange vorher der Dichtkunst ergeben hatte. Denselben Gram atmet die 7. Epode, die an den im Jahre 39 entbrannten Krieg des S. Pompejus anzuknüpfen scheint; in selbstmörderischer Hast stürzt das uneinige Volk in den Abgrund, wie einst schon Remus dem Zorn des Bruders erlegen ist. Erst beim Beginn des letzten Kampfes gegen Antonius im Jahre 31 entlockt der Dichter seiner Leier hellere Töne. Er trägt sich (1) dem geliebten Mäcen als Begleiter an, aber nicht um Schätze oder Äcker zu erjagen; der Freund hat ihn genug begütert. In jubelnder Freude (9) feiert er den Sieg von Aktium, indem er ingrimmig der Erniedrigung römischer Männer unter Kleopatras Launen gedenkt; zwar ist die letzte Entscheidung noch nicht gefallen, aber ein kräftiger Trunk verscheucht Sorge und Furcht. Weniger gefallen uns die Gedichte, in denen er sich als des Archilochus Nachahmer zeigt. Giftiger Spott und scharfe Fehde waren nicht seine Sache, noch weniger stand ihm unflätiges Schelten zu Gesicht. Zwar ist die Neckerei (3), die sich gegen Mäcenas richtet, sehr harmlos, wenn er für ein Gericht Knoblauch Rache begehrt. Aber an anderen Stellen kann er recht derb werden, so gegen einen gemeinen Emporkömmling (4), gegen einen feigen Verleumder (6), gegen den schlechten Dichter Mävius (10), mit dem auch Vergil zerfallen war, vor allem aber gegen häßliche und widerwärtige alte Weiber (8, 12). Zu dramatischer Lebhaftigkeit steigern sich die Gedichte (5, 17), in denen er die Hexenkünste der Canidia geißelt; dort schildert er uns mit schauerlicher Anschaulichkeit das lebendige Eingraben eines Knaben und dessen ohnmächtige Bitten und Flüche im Gegensatz zu den Zaubersprüchen der Unholdin und ihrer Genossinnen, hier bittet er in angeblicher Reue um Verzeihung für seine Angriffe, um diese nur boshafter zu wiederholen. Uns wird nicht wohl bei diesen Ergüssen einer verbitterten Stimmung. Diese fehlt auch nicht ganz in den Liebes- und Trinkliedern (11, 14, 15 und 13), die sich als Vorläufer der Odendichtung betrachten lassen. Schon bricht hier und da das Feuer echter Poesie durch die Asche des Pessimismus, so in der Schilderung der Nacht (15) und des Winters (13), aber noch hat sich der Dichter nicht frei gemacht von den trüben Erinnerungen seiner Jugend; ein schwüler, ungesunder Hauch liegt vielfach über den lyrischen Schöpfungen dieser ersten Periode. Am freiesten hat sich sein Genius in der köstlichen Epode (2) entfaltet, in der er dem Landleben ein tief empfundenes Loblied singt, gewiß in dankbarer Erinnerung an das ihm kürzlich geschenkte Gütchen. Der Landmann trägt den Sieg über alle Berufsarten davon. Unzählige Male ist der so charakteristische Anfang des Liedes angeführt worden: Glückselig der, der fern von Geschäften, wie das frühere Geschlecht der Sterblichen, die väterlichen Fluren mit seinen Rindern beackert, frei von jedem Wucher! Nun wird uns das Leben des Landmanns draußen geschildert, im Sommer, Herbst und Winter, dann daheim am behaglichen Herd unter der Pflege der tüchtigen Hausfrau. Unbeschreiblich wohlig mutet uns das mit vieler, ja stellenweise mit übertriebener Sorgfalt ausgemalte Idyll an, wie des Abends die satten Schafe und die müden Stiere heimkehren, wie die Sklaven sich gemütlich versammeln um die freudig erglänzenden Hausgötter. Um so mehr ist es zu beklagen, daß der Dichter durch einen unerwarteten

Schluß, wie es Heine liebt, die poetische Stimmung selbst zerstört; er legt die Worte einem stadtbekannten Wucherer in den Mund, der sich durch seine anerkennenswerte Einsicht doch nicht abhalten läßt, sein schmutziges Gewerbe weiter zu treiben.

Auf lyrischem Gebiete war es dem Horaz beschieden, noch reicheren Lorbeer zu pflücken; glücklicher war er von vornherein in jener Mischgattung, die er selbst allzu bescheiden nicht zur Dichtung rechnet, in der Satire. Allerdings zeigt der daktylische Hexameter anfangs noch mannigfache Härten, besonders in der Verschleifung langer Vokale. Aber die Sprache ist durchweg sauber gefeilt; sie nähert sich der Umgangssprache, ohne jemals mit ihr zusammenzufallen. Im Inhalt zeigt sich ein Fortschritt von bitterem Spott zu behaglichem Lachen, von derber Komik zu feinem Humor. Wir unterscheiden solche Gedichte, die sich auf des Dichters eigene Erlebnisse gründen, und andere allgemeineren Inhalts mit ethischer Zuspitzung. Unter der ersten Klasse erinnert eine der ältesten Satiren (7) an Horazens Kriegsjahre. Vor dem Richterstuhle des Prätors Brutus in Klazomenä erscheinen zwei streitbare Kampfhähne, der proskribierte Italiker P. Rupilius Rex aus Präneste, ein grober Gesell, und der Halbgrieche Persius, ein dort ansässiger Bankier, an bissigem Witz dem andern überlegen. Mit behaglicher Laune wird der endlose Wortstreit der „homerischen Helden" dargestellt, den endlich der Grieche mit einem treffenden Hinweis auf die Doppeldeutigkeit des Namens „Rex" zu seinem Vorteile beendigt. In einer anderen Satire (8) setzt der Dichter seinen Kampf gegen die unholde Canidia fort, die mit der Neapolitanerin Gratidia identisch sein soll. Von dem iter Brundisinum (5) ist schon die Rede gewesen. Nach dem Vorgang des Lucilius hat er seinen Anteil an der diplomatischen Sendung des Mäcen launig geschildert: die Nachtfahrt auf dem Kanal mit lärmenden Fröschen und noch lauteren Bootsleuten, das Zusammentreffen mit dem hohen Chef und den Freunden, das dummstolze Gebaren eines kleinstädtischen Beamten, der lustige Wettstreit zweier Possenreißer, unbehagliche Quartiere und mäßige Verpflegung, alles dies und manches andere, die großen und kleinen Mühseligkeiten einer längeren Reise werden mit einem so behaglichen Humor erzählt, daß wir an die besten Leistungen englischer Humoristen gemahnt werden. Hier ist weder Zorn noch Groll, nur ein heiteres Lächeln über dies unvollkommene Dasein und die noch unvollkommeneren lieben Mitmenschen. Ernster zeigt er sich in dem Gedicht (6), wo er sein Verhältnis zu Mäcen ins rechte Licht stellt. Wie sein Gönner, so ist auch er himmelweit entfernt von schnöder Ehrsucht, die er an einigen bekannten Typen lächerlich macht. Er erzählt einfach die Geschichte seiner Bekanntschaft mit Mäcen und rechnet die etwaigen Vorzüge seiner Lebensführung dem Verdienste der väterlichen Erziehung zu. Hier berichtet er über seine Herkunft, über Unterricht und Erziehung. Er schließt mit einer Darstellung seines täglichen Lebenslaufs, dessen Hauptvorzug eben in der Abkehr von allem Strebertum besteht. Lernen wir den Dichter hier wegen seiner pietätvollen und wahrhaft vornehmen Gesinnung achten, so entzückt er uns in der Erzählung vom Schwätzer (9), in dem er die Gattung der gewissenlosen Streber an den Pranger stellt. Auf der heiligen Straße überfällt ihn der Thor, der in seiner naiven Frechheit ein Beispiel drolliger Selbstverspottung liefert. Zu drei Malen dringt er auf den Dichter ein, der ihn dem Mäcen empfehlen soll, natürlich zum Zweck eigennütziger Ausbeutung. Vergebens bespricht sich Horaz mit seinen Sklaven, vergebens läßt er den Schwätzer bald kurz, bald ironisch an, vergebens versagt er dem Aufdringlichen seine Unterstützung in einem gerichtlichen Termin. Nicht einmal der Herzensfreund Aristius Fuscus bringt Hülfe; der schützt als angeblicher Proselyt den Sabbath vor. Da hat endlich Apollo ein Einsehen und rettet seinen Schützling. Etwas Vollendeteres in dieser Art ist kaum je geschrieben worden. Man fühlt instinktiv jene urbanitas heraus, auf die der fein gebildete Römer so stolz war, wie der Franzose des 18. Jahrhunderts auf seinen esprit.

Die zweite Klasse umfaßt gleichfalls fünf Gedichte, die bestimmte Laster und Fehler der Zeitgenossen verspotten. Die älteste Satire (2) zeigt noch eine Schärfe und Derbheit, die uns verletzt. Horaz verhöhnt eine ganze Reihe von Männern und Frauen, deren sittenloses Leben stadtbekannt war. Aber uns selbst wird nicht wohl dabei, da wir nicht die Überzeugung haben, daß Horaz jener sittlichen Schwäche dieselbe Überlegenheit entgegensetzt, wie in seinen anderen Satiren. Er ist hier mehr Jambograph, als Humorist. In dem folgenden Gedicht (3) plädiert er gerade umgekehrt für Milde in der Beurteilung menschlicher Schwächen, vielleicht um die Herbheit der vorigen Satire zu mildern und den Vorwurf der Splitterrichterei zu vermeiden. Er nimmt daher, wie überhaupt in dieser Zeit, gegen den sittlichen Rigorismus der Stoiker Partei, deren paradoxe Übertreibungen er der Lächerlichkeit preis giebt. Wir sollen es den Liebhabern und Vätern gleichthun, die den Schwächen ihrer Lieblinge ein Mäntelchen umhängen. Aber daß alle Vergehungen gleich, daß der Weise reich, schön, ein König, ja selbst ein guter Schuster sei, auch wenn er keine Schuhe mache, wie Vater Chrysippus sagt, das glaubt nur der verrückte Crispinus, während die Straßenjungen den unsauberen Philosophen am Barte zupfen. Später hat Horaz dieselben Forderungen, die er hier so eifrig bekämpft, sich selbst zu eigen gemacht. Wendete er sich bisher gegen Unsittlichkeit und mürrisches Wesen, so geht er nunmehr dem Fehler zu Leibe, den er, wie keinen andern, bekämpft hat bis zum letzten Atemzuge, der Habgier. In dem Widmungsgedicht (1) geht er von der Unbeständigkeit der Menschen aus, die er in vier trefflich gezeichneten Vertretern darstellt. Dann aber fragt er nach der Veranlassung ihrer Unzufriedenheit und kommt so auf die Geldgier, deren Thorheit er nach allen Seiten beleuchtet. Er wird dabei nie zum trocknen Sittenprediger. Wenn er auch von sittlichen Gedanken ausgeht, so verkörpert er sie stets in Vergleichen, Bildern, Typen, Anekdoten! Die emsige Ameise, der brottragende Sklave, der Wasserträger, der geizige Athener, Tantalus und Klytämnestra, Hinz und Kunz, alles muß dazu dienen, den Grundgedanken uns anschaulich zu machen. Daher ist es oft nicht leicht, den Faden der Gedankenentwicklung festzuhalten. Oft springt der Dichter von einer Erzählung zu einer andern über. Aber der einsichtige Leser findet den Übergang. Den Schluß bildet oft ein kräftiger Scherz, der den Vorwurf der Pedanterie fern halten soll; so wenn er hier dem Crispinus noch einen Denkzettel verabreicht. Aber trotzdem zog sich der Dichter manche Feinde zu, die ihn für boshaft und rachsüchtig ausgaben. Ihnen gilt die Satire (4), in der Horaz sozusagen sein Programm entwickelt. Er leitet seine „prosaische Muse" von der alten attischen Komödie und von Lucilius her, jenes mit Unrecht, da bei ihm das politische Element gänzlich fehlt, dieses mit Recht. Von diesem seinem unmittelbaren Vorgänger will er sich geflissentlich durch saubere Feile der Darstellung unterscheiden. Aber ein Dichter ist er darum noch nicht, dazu fehlt seinen Sermonen der Schwung und das Pathos. Noch weniger ist er ein hämischer Denunziant; denn er liest seine Gedichte nicht vor und denkt nicht einmal an ihre Verbreitung. Es besteht ein gewaltiger Unterschied zwischen einem heiteren Spötter und einem ehrabschneidenden Verleumder. Der eigene Vater hat ihn daran gewöhnt, die Schwächen der Menschen scharf zu beobachten, um sich selbst vor ihnen zu hüten. Das ist ihm nun zur andern Natur geworden; zum eigenen Besten setzt er die Beobachtung fort und wirft seine Bemerkungen gelegentlich aufs Papier, wahrlich, ein verzeihlicher Fehler. Will man ihm den nicht nachsehen, nun, so ruft er die ungeheuer zahlreiche Dichterzunft zur Hülfe; die werden den Gegner niederzwingen, wie es die bekehrungssüchtigen Juden thun. Wie hier, so gedenkt er auch sonst der großen jüdischen Gemeinde in Rom, jedoch nur im spottenden Tone. Er nimmt das im vorigen Gedichte behandelte Thema noch einmal vor (10), um sich gegen böswillige Mißverständnisse zu verteidigen. Man hat ihm eine höhnische Herabsetzung seines großen Vorgängers vorgeworfen. Sehr mit Unrecht! Er giebt dem Lucilius alle Ehre, die er verdient, aber er beansprucht für sich das Recht der freien Meinungsäußerung. Es genüge doch nicht, Witze zu reißen oder griechische Wörter in die Muttersprache einzumengen. Bei dieser Gelegenheit rechnet Horaz mit seinen Kritikern gründlich ab, vor allen mit denen, die den Alten, d. h. Calvus und Catull, vor den Neueren den Vorzug geben. Er hat sich, da die anderen Gattungen mustergültig vertreten sind, die Satire als seine Domäne gewählt und betrachtet es als seine Aufgabe, ihre äußere Form, im Gegensatz zu Lucilius, zu glätten, entsprechend dem verfeinerten Geschmack der Zeit. Wenn er damit dem Plotius und Varius, dem Mäcen und Vergil, dem Pollio und Messalla gefalle, so sei er zufrieden; die anderen unberufenen Kunstrichter lasse er mit ihren Blaustrümpfen heulen. So schließt er die Sammlung, selbstbewußt und scharf.

Der Anfang des zweiten Satirenbuches (1) knüpft unmittelbar an den Schluß des ersten an. Auch hier handelt es sich um eine Selbstverteidigung, aber in anderer Einkleidung, als früher. Wie überhaupt die späteren Satiren durchweg dialogisch, ja dramatisch gehalten sind, so erdichtet Horaz hier eine Konsultation des uns aus Ciceros Briefwechsel bekannten Juristen C. Trebatius Testa. An ihn wendet sich der schwer bedrängte Dichter: Was soll ich thun? Köstlich ist der gravitätische Ernst, mit dem der ehrbare Gelehrte Bescheid giebt, köstlich die scheinbare Hülflosigkeit seines Klienten. Er kann nicht anders; ein jeder hat seine Schwächen, so er, als Abkömmling streitbarer Grenzwächter, die Neigung zu necken und zu spotten, aber nur aus Notwehr. Wie andere mit Gift und Klagen sich wehren, wie der Wolf mit dem Zahn, der Stier mit dem Horn, so er mit seinen Versen. Und hat es nicht Lucilius ebenso gemacht, ohne die Freundschaft seiner hohen Gönner einzubüßen? Er ist zwar geringer an Lebensstellung und Talent, aber doch auch nicht auf der Straße gefunden. Darum fürchtet er auch nicht das Verbot der Gesetze, die nur „schlechte" Verse verbieten, während doch Cäsar die seinen gelobt hat. So schließt er wieder mit einem lustigen Scherze. Nicht minder lebendig in der Form, aber bitterer im Inhalt ist der Angriff auf das Laster der Erbschleicherei (5). Ulixes selbst ist es, der in der Unterwelt von Tiresias auf jenen so beliebten Erwerbszweig aufmerksam gemacht wird, also eine drollige Parodie der homerischen νέκυια: Was soll ich thun, um in Ithaka wieder auf einen grünen Zweig zu kommen? Der Seher erwidert ernsthaft: Mach reichen, kinderlosen Greisen, auch wenn sie übel berüchtigt sind, Geschenke; ergattere Testamente zu deinen Gunsten, indem du dich der künftigen Erblasser mit geheuchelter Teilnahme annimmst, vor Gericht, auf dem Spaziergang, überall. Aber sei vorsichtig, tritt mit deiner üblen Absicht nicht hervor; sonst ergeht es dir wie dem Nasica, der mit langer Nase abzog. Nur darf dich kein falsches Ehrgefühl kränken; selbst Penelopes Ehre ist kein zu hoher Kaufpreis für ein tüchtiges Stück Geld. So geht es weiter, bis Proserpina die Schatten zurückruft. Horaz hat dieser unsaubern Gesellschaft bis auf den Grund ihres schlechten Herzens gesehen, ohne seinen überlegenen Humor einzubüßen. Ein beliebtes Thema auch der frühern Satiriker war die Verspottung der Tafelschleckerei. Nicht weniger als dreimal hat Horaz diese mehr lächerliche als schädliche Untugend durchgehechelt. Zunächst entwickelt uns der Bauer Ofellus (2) die Grundsätze eines mäßigen, einfachen Lebens. Mit wenigem kommt man aus. Wozu die unnütze Erfindsamkeit der modernen Gastrosophen? Man ißt den Pfau um des Schwanzes willen, den man nicht einmal anrührt. Man unterscheidet den Meerwolf nach dem Fangort, man setzt Steinbutt und Storch auf die Tafel, nur um dem erschlafften Gaumen neue Reize zuzuführen. Natürlich ist auch das Gegenteil, das Leben des schmutzigen Geizhalses, zu meiden. Nur die Mittelstraße empfiehlt sich, nur so bleibt man gesund und frisch und zufrieden, wie das der Erzähler an sich selbst beweisen kann. Uns sagen diese Verspottungen der Gourmandise weniger zu, weil der veränderte Geschmack uns das Verständnis erschwerte. Das gilt besonders für die in feierlichem Wahrsagertone vorgetragenen Küchenrezepte des Catius (4), eines fanatischen Feinschmeckers, der uns mit einer Fülle von überfeinen Belehrungen über Auswahl und Bereitung von Speisen überhäuft, ein anderer Brillat-Savarin, der den Franzosen ein ganzes Buch über dies Thema geschrieben hat. Lustiger ist der Bericht über das Gastmahl des Nasidienus (8), der uns zugleich einen tiefen Einblick in das gesellige Leben der Alten gewährt. Ihrer neun sind bei dem reichen Emporkömmling versammelt, wie der Dichter Fundanius dem Horaz erzählt, auf dem Ehrenplatz Mäcen mit zwei „Schatten", daneben Vertreter der schönen Litteratur, endlich Genossen des aufdringlichen, albernen Wirtes. Die Scene erinnert vielfach an Auswüchse des modernen Lebens. Die Speisen sind gut und selten, aber der Wirt verdirbt den Appetit durch fortwährendes Loben seiner Gaben und zieht gar ein saures Gesicht, als einer der Gäste größere Becher zu einem starken Trunke fordert; jener fürchtet für seine feinen Marken. Da stürzt plötzlich der Baldachin herab und bedeckt Speisen und Gäste mit Staub. Kläglich jammert der Unglücksmann, übermütig necken die Gäste, bis endlich alle in Überdruß entfliehen. Ernsthafter sind zwei andere Satiren, die jene ethische Zuspitzung aufweisen, die wir schon im ersten Buch beobachtet haben. Horaz kämpft hier gegen den pedantischen Hochmut der Schulphilosophie, die dem feinen Weltmann ein Greuel war. In der einen Satire (3) entwickelt ein bankerotter Kunsthändler Damasippus den stoischen Satz, daß jeder Nichtweise rase; er hat diese Weisheit des Stertinius an sich selbst erprobt. Nun überschüttet er zuerst den Horaz, den wir zum erstenmal als behäbigen Grundbesitzer begrüßen, mit Vorwürfen wegen seiner Trägheit. Wozu hat er eigentlich die griechischen Komiker und Archilochus mit sich aufs Land genommen, wenn er nicht arbeiten will? Er möge sich an ihm, dem Sprecher, ein Beispiel nehmen, da er erst genesen sei, seit er sich von seiner Verrücktheit überzeugt habe. Aber verrückt sind eigentlich alle außer dem Weisen, verrückt die Habgierigen, die Ehrsüchtigen, die Verschwender, die Abergläubischen; das wird durch zahlreiche Beispiele und lustige Geschichten bewiesen. Verrückt war Agamemnon so gut wie Ajax, verrückt ist aber auch Horaz: er baut, um es dem Mäcen gleich zu thun, er bläht sich auf, wie der Frosch, der dem Ochsen gleichen wollte, er ist jähzornig, eitel, verliebt. Wahrlich, der Spötter schonte sich selbst nicht, getreu dem Worte Goethes:

> Wer sich nicht selbst zum besten haben kann,
> Der ist fürwahr nicht von den Besten.

Dasselbe Gericht vollzieht an ihm sein eigener Sklave Davus (7), der die Freiheit des Saturnalienfestes benutzt, um dem Herrn einmal gründlich die Wahrheit zu sagen. Er hat seine Weisheit von dem Thürhüter des sattsam bekannten Crispinus, nach dessen Rezept er den stoischen Satz vertritt, daß nur der Weise frei sei, natürlich, wie sein Bildungszustand es mit sich bringt, in derbsten Ausdrücken. Nach einer allgemeiner gehaltenen Einleitung wendet sich der freche Kerl direkt gegen seinen Herrn, dem er Inkonsequenz im Denken und Handeln, sittliche Unfreiheit vorwirft. Ist er doch schließlich auch nur ein Possenreißer Mäcens! Als der Herr die Stirn kraust, beruft sich Davus auf seinen stoischen Gewährsmann und hebt seine weisen und doch so thörichten Reden von neuem an, denen allerdings ein Stück Wahrheit zu Grunde liegt. Die wunderlichen Widersprüche menschlicher Hinfälligkeit werden rücksichtslos und frech verhöhnt, bis endlich dem Herrn die Geduld reißt. Er wirft den Sklaven hinaus, muß aber zuvor noch die lustigen Worte hören: Entweder ist der Mensch verrückt, oder er macht Verse. Indessen befriedigt diese derbe Kost den feinfühligen Leser nur wenig. Hingegen hat sich Horaz selbst übertroffen in der letzten seiner Satiren (6), in der er seinem innigen Dank für das ihm von Mäcen geschenkte Landgut einen wunderherrlichen Ausdruck giebt. Es ist genug, er hat alles, was er sich in seinen kühnsten Träumen gewünscht hat, ein Fleckchen für sein Haupt und Ruhe für sein Herz. Mit einem frommen Gebet an Merkur, den Dichterfreund, beginnt er; er möge ihm den Besitz erhalten, wenn er ihn weder durch Habgier vergrößern noch durch Nachlässigkeit verringern werde. Glückselig ist der Aufenthalt auf dem Lande, vom frühen Morgen bis zum späten Abend. In kräftigen Zügen malt er die Unruhe, das Hasten, den Unfrieden der Großstadt. Geschäfte, Freunde, Kollegen, alles vereinigt sich, dem Dichter das Leben zu erschweren. Selbst die Freundschaft Mäcens hat ihre Schattenseiten. Wenn er auch sich keines politischen Einflusses erfreut, so glaubt ihm das doch niemand; jeder will von ihm die wichtigsten Neuigkeiten frisch erfahren, zumal in der gefährlichen Kriegszeit 31/30. Wie ist es da ganz anders auf dem Lande! Harmlos und einförmig verstreicht der Tag, aber unendlich beglückend sinkt der Abend hernieder. Da wird mit den wackeren Sabinern gezecht und geplaudert, und Nachbar Cervius erzählt seine allerliebsten Geschichten, so die Fabel von der Stadt- und Landmaus. Und nun entfaltet Horaz in der Wiedergabe dieses alten Märleins einen so liebenswürdigen Humor, eine so bestrickende Anmut, daß von des Dichters behaglicher Zufriedenheit ein gut Stück auf den teilnehmenden Leser übergeht. Die Parodie der menschlichen Verhältnisse springt in die Augen; die Stadtmaus spielt den aufgeklärten Epikureer, die Landmaus hört verdutzt zu, bis die Störung des scheinbaren Glücks die Ernüchterung herbeiführt. Die Anwendung auf Horaz und seine ländliche Muße liegt auf der Hand. Mit diesem Gedicht erreichte der Dichter die Höhe der Vollendung. Die innere Befriedigung ermutigte ihn, seine Ziele sich höher zu stecken. Der geistvolle Plauderer verlangte nach dem volleren Lorbeer des lyrischen Dichters, zumal da ihm einige erste Versuche seines Epodenbuches (2, 13) vorzüglich gelungen waren. Inzwischen hatte sich auch in anderer Hinsicht eine Wandlung seiner Anschauungen vollzogen.

Im Verkehr mit Mäcen und seinem Kreise lernte er die Ideale seiner Jugend als wesenlos erkennen. Nachdem er sich längere Zeit parteilos des Urteils über politische Dinge begeben hatte, gewann er seit dem Kriege mit Antonius und Kleopatra volles Verständnis für den Segen der Monarchie und ihren Begründer, Cäsar Octavianus, seit 27 Augustus. Auch dieser bedeutende Herrscher, dessen Verdienst es ist, daß Rom noch fast fünf Jahrhunderte dem Andrang der Barbaren widerstanden hat, ist vielfach verkannt worden, so lange die Anekdotenjägerei des Sueton und die noch gefährlichere Unparteilichkeit des republikanischen Tacitus den Maßstab für die geschichtliche Auffassung abgaben. Heute wird allgemein Octavians Bedeutung gewürdigt und nicht minder von allen Urteilsfähigen die Stellungnahme des Dichters. Wenn irgendwo, so gilt hier das Wort:

> Drum soll der Sänger mit dem König gehen,
> Sie beide wohnen auf der Menschheit Höhen.

Seit den Tagen von Aktium und Alexandria hat Horaz aufrichtig und ohne Nebenabsicht seine Leier in den Dienst der Monarchie und damit des Vaterlandes gestellt. Über das persönliche Verhältnis des Dichters zum Herrscher hat uns Sueton einige Briefstellen übermittelt, die uns das Entgegenkommen des Augustus, aber auch die Zurückhaltung des Horaz bezeugen. Jener schrieb an Mäcen, daß er ihm seinen Freund entführen wolle; er bot ihm die Stelle eines Geheimsekretärs an zur Erledigung seiner Privatkorrespondenz. Vergebens. Horaz schlug das glänzende Anerbieten aus, um sich seine Freiheit und seine Muße zu erhalten; er wollte nicht Fürstendiener sein. Wie kann man da behaupten, daß der Dichter ein schmeichelnder Hofpoet gewesen sei? Es wäre mehr als wunderlich, wenn er sich die günstige Gelegenheit hätte entgehen lassen, in die unmittelbare Nähe des Monarchen zu gelangen. Aber das Verhältnis erlitt darum keinen Bruch. Augustus vergalt, wie er scherzend schreibt, den Hochmut des Dichters nicht mit gleicher Münze. Er setzte in jovialer Vertraulichkeit den Briefwechsel fort, bethätigte seine Gunst durch reiche Geschenke und hörte nicht auf, ihn zu neuen Schöpfungen anzuspornen. Wir werden später darauf zurückkommen.

Horaz wählte seit dem Jahre 30 die glänzenden Vertreter der

melischen Lyrik zu seinen Vorbildern: Alcäus, Sappho (beide um 600 auf Lesbos) und Anakreon (um 500 aus Teos). Er ließ die iambischen Maße fallen und bildete als erster die alcäische Strophe nach, aber auch, wie vor ihm Catull, die sapphische und die Fülle der asklepiadeischen Systeme mit vollendeter Meisterschaft, abgesehen von einzelnen Versuchen, die ihn gelegentlich auf dieses oder jenes Gebiet verlockten. So entstanden die drei Bücher Oden oder Lieder, wie er sie nennt, in den Jahren 30 –23, gewidmet dem Mäcen und vom Dichter selbst nach dem Grundsatz der Abwechselung geordnet, zu Anfang (2—12) die glänzendsten Proben seiner Kunst. Horaz war kein Nachahmer im gewöhnlichen Sinne, so wenig wie Goethes Iphigenie oder Schillers Spaziergang „Nachahmungen" sind. Es liegen zur Genüge Bruchstücke der äolischen Lyrik uns vor, um ein sicheres Urteil über die Selbständigkeit des Horaz zu begründen. Nur wenige Lieder sind als einfache Studien, als Versuche anzusehen, bei denen das griechische Kolorit deutlich hindurch schimmert; bei der überwiegenden Mehrzahl sehen wir den Dichter mit kräftigem Selbstbewußtsein seinen eigenen Weg gehen, sei es, daß er die griechischen Lokalfarben durch römische ersetzt, sei es, daß er einen neuen, sittlich vertieften Inhalt mit der alten Form vermählt. Aber nicht bloß im Inhalt, sondern auch in Metrik und Sprache wahrt er seine Selbständigkeit. Horaz hat die Rhythmen seiner Vorbilder in weiser Berücksichtigung der würdevollen Sprache Roms umgeformt und durch Bevorzugung der langen Silben, sowie durch Einführung regelmäßiger Einschnitte feinfühlig weitergebildet. Auch in der Wahl des Ausdrucks und in der Konstruktion der Verba wagt er nicht ohne Glück verschiedene Neubildungen, die den Sprachmeister bekunden. In dem Gebrauch der rednerischen Figuren ist er geschickt und maßvoll, in Bildern und ausgeführten Gleichnissen oft recht glücklich. Nur selten widerfährt es ihm, daß römische Derbheit hervorbricht. Vor allem hält er sich fast gänzlich frei von jenem Alexandrinismus, der die Gedichte des Properz und Ovid, zum Teil auch die des Catull, so übel entstellt. Wir verstehen unter diesem Kunstausdruck diejenige Richtung der spätgriechischen Poesie, welche die Dürftigkeit der Erfindung, den Mangel an echter Begeisterung durch geographische und mythologische Gelehrsamkeit, durch antiquarische Geschwätzigkeit zu ersetzen suchte. Diese Richtung kam zum ersten Male in Alexandria empor, als nach dem Tode des großen Alexander die Ptolemäer ein neues Centrum geistiger Kultur schufen; sie rühmten sich mit Recht großer Gelehrter; aber die Nachblüte der Dichtung war nur mäßig und hat leider die römische Litteratur schwer geschädigt. Gering ist der Schaden für Horaz. Nur selten ist ein Beiwort gewaltsam herbeigezogen; Geographie und Mythologie sind bescheiden ausgenutzt. Bevor wir nun auf die Würdigung der Lieder im einzelnen eingehen, wollen wir die Dichtungsweise des Horaz im allgemeinen zu würdigen versuchen.

Wer seine Lieder nach demselben Maßstab beurteilt, wie die Liebeslieder Goethes oder die Frühlingslieder Uhlands, wird unbefriedigt von der Lektüre scheiden. Die Schuld trägt jedoch nicht der Dichter, sondern der Leser, der einen unrichtigen Maßstab anlegt. Horaz war nicht ein Dichter, dessen überströmende Empfindung ungestüm nach einem entsprechenden Ausdruck verlangte, dessen glühendes Herz seine Liebe und seinen Haß maßlos in die Welt hinaustönte, wie Catull, wie Alcäus und Sappho, wie der junge Goethe. „Horaz, der Dichter eines kultivierten und verdorbenen Weltalters, preist die ruhige Glückseligkeit in seinem Tibur, und ihn könnte man als den wahren Stifter dieser sentimentalischen Dichtungsart nennen, sowie er auch in derselben ein noch nicht übertroffenes Muster ist." Es giebt eben noch eine andere Dichtungsweise, die Schiller in seiner meisterhaften Abhandlung „Über naive und sentimentalische Dichtung" so wahr wie schön charakterisiert hat. Horaz war nicht ein Natur- oder Volksdichter, nicht ein naives Genie; erst durch die Reflexion, durch Nachdenken ist er Dichter geworden, wie Klopstock, Lessing und Schiller. Will man auch diese aus der Zahl der Dichter streichen? Bei den Griechen und den ihnen geistesverwandten Germanen (Homer, Shakespeare, Goethe) war Natur und Kunst noch eins; sie empfanden natürlich, wie auch Raffael in der Malerei, Mozart in der Musik. Unser Gefühl für Natur gleicht der Empfindung des Kranken für die Gesundheit, wir empfinden das Natürliche. So die römischen Dichter, vor allem Horaz, so aber auch Schiller, Michelangelo, Beethoven. Der sentimentalische Dichter vergleicht die Wirklichkeit, die nicht mehr Natur ist, mit dem ihm vorschwebenden Ideal; er ist satirisch, wenn er die Wirklichkeit mehr betont, elegisch, wenn er den Blick auf das Ideal richtet. Er entzückt durch die Tiefe und den Reichtum seiner Gedanken, vorausgesetzt, daß es ihm gelingt, diese plastisch auszugestalten. Dies gelang Klopstock nur selten, in vorzüglichstem Maße hingegen Lessing und vor allem Schiller, der in seinen genialsten Schöpfungen (Wallenstein und Glocke) die Vorzüge beider Dichtungsweisen vereinigt hat. Wie steht es mit Horaz, wenn wir ihn an diesem Maßstab messen? Entzückt er durch Gedanken? Weiß er sie plastisch auszugestalten?

Jeder Lyriker feiert die Natur in ihrer wechselnden Gestaltung, vor allem die Frühlingsluft. So auch Horaz (I, 4. 9. 17. III, 17). Vom Eise befreit sind Strom und Bäche, das Vieh hüpft aus den Ställen, der Pflüger geht ans Werk. Im Mondenschein führt Venus mit den Grazien ihre Tänze auf, während ihr rußiger Gemahl seine Essen dampfen läßt. Wiese und Wald belauben sich, im Gebüsche klagt die Nachtigall, es seufzt die Schwalbe, fröhlich lassen die Hirten ihre Schalmei ertönen. Aber rasch enteilt die schöne Zeit. Heiß brütet die Sonne über den Fluren, Hirt und Herde suchen den spärlichen Schatten auf; es naht die Zeit, wo jedes Mutterherz für die Kinder bangt, wenn die schlimme Malaria umherstreift und der Leichengöttin Opfer schlachtet. Wenn die Feige reift, dann eilt, wer es kann, hinaus aufs Land, ins Gebirge, wo es kühl ist, ruhig und gesund. Nichts ist erfrischender und naturgemäßer, als die Arbeit des Landmanns, besonders zur Erntezeit, wenn der Herbst sein fruchttragendes Haupt aus den Äckern hebt. Da pflückt man die Edelbirne und die Purpurtraube, da lagert man sich am murmelnden Bache. Aber bald werden die Tage rauher; da strömt, von der Krähe vorausgesagt, unendlicher Regen herab, das Laub fällt von den Bäumen. Es naht der Winter, der uns die häuslichen Freuden schätzen lehrt. Wenn draußen die eisige Tramontana durch die Straßen fegt und der kurze Wintertag sich milde dahinschleppt, da drängt sich alles um die gesellige Flamme. Starrt auch der Soracte weiß in die Luft, drinnen ists warm und traulich, aber nicht für den habgierigen Kaufmann, der fern im Osten überwintern muß.

So verschieden die Jahreszeiten sind, eines haben sie alle gemein, sie machen durstig und fordern zum frohen Trunke und fröhlichen **Trinklied** auf. Der ist kein echter Dichter, dem niemals der edle Wein die Zunge gelöst hat; darum ist Heine kein Dichter von Gottes Gnaden. Aber Horaz war es und hat Gott Bacchus gefeiert in Ernst und Scherz (I, 11. 18. 20. 27. 38. II, 3. III, 19. 21. 28). Weht der milde Frühlingswind, so greift er zum Becher; verheißt das trübe Wetter Regentage, so lädt es zum Trinken ein; starren die Flüsse von Eis und die Fluren von Schnee, so trinkt es sich nirgends besser, als am warmen Herde. Mehrfach wird der Gott des Weins fromm und begeistert gefeiert, seine große Gewalt gepriesen. O komm herab, so ruft er einem Kruge edlen Kabinettweines zu, der du mit mir geboren bist, ob du nun süßen Harm oder Scherz wecken magst, ob Hader oder Liebeswahnsinn oder gefälligen Schlaf. Denn was vollbringt der Wein nicht? Er enthüllt das Geheimnis, treibt Feige in die Schlacht und nimmt bekümmerten Herzen die Last. Aber er wirkt, im Übermaß genossen, auch Böses; dann verrät er den Freund und entheiligt den Gott. Horaz selbst ist ein Freund nur mäßigen Genusses. In einem Lied führt er uns in die Gesellschaft unmäßig zechender, lärmender Freunde, deren Fröhlichkeit er bald in rechte Bahnen leitet. Ein andermal erfahren wir von ihm, welche Mischung er bevorzugt: auf einen halben Liter drei Teile Wein und neun Teile Wasser. Er bekannte sich demnach zu unsers Walthers Grundsatz: „Ich trinke gern, da man mäßig trinket." Darum freut er sich, auf dem Lande der unsinnigen Trinkgesetze ledig zu sein. Am liebsten trinkt er im kleinen Kreise, vor allem mit seinem Mäcen. Ihn lädt er mehr als einmal zu sich, damit der Freund der Sorgen sich entschlage. Was hilft es auch? Zwar hat Horaz nur billigen Landwein, Sabiner oder Albaner, im Hause, aber es ist alles Gerät blitzsauber, Eppich und Rosen, Epheu und Myrte sind beschafft, und zur rechten Zeit stellt sich auch eine bessere Marke ein, die tief in der Weinkammer versteckt liegt, Massiker oder gar Cäcuber, ein so edler Wein, daß er zur Zeit des Kaisers Nero gänzlich ausgetrunken war. Sogar als einsamen Zecher überraschen wir den Dichter am Schluß des ersten Buches, mit Weinlaub und Myrte geschmückt, allein mit seinem Schenken, ein liebliches Bild, das an Goethes Schenkenbuch und an sein Vorbild Hafis erinnert. Kurz, pflanze keinen Baum, so mahnt er den Freund Varus, eher, als die heilige Rebe auf dem gesegneten Gefilde Tiburs.

Zu Bacchus gesellt sich Venus; Wein, Weib, Gesang haben immer einen harmonischen Dreiklang dargestellt. Horaz ist auch ein Sänger der Liebe (I, 5. 8. 13. 16. 19. 23. 25. 30. II, 4. 5. 8. III, 7. 9. 10. 12. 15. 20. 26), aber er huldigt der lieblichen Göttin und ihrem köchertragenden Sohne mit einer gewissen Gelassenheit. Ihm mangelt nicht nur die sittliche Veredlung der Geschlechterliebe, welche die christlichen Völker, insbesondere die Germanen, auszeichnet; ihm fehlt auch die leidenschaftliche Glut, die einen Catull verzehrte, die so herrlich die Lieder eines Properz durchleuchtet. Nur eine Persönlichkeit scheint ihm ein tieferes Interesse eingeflößt zu haben, die „gute" Cinara, deren er noch nach Jahren in grauem Haar mit wehmütiger Dankbarkeit gedenkt. Die andern alle, Glycera und Lydia, Chloe und Lyde, und wie sie alle heißen, geben uns keine Vorstellung wirklichen Daseins. Es ist überhaupt mißlich, aus den Liedern auf das Leben des Dichters zu schließen, zumal bei dem Spötter Horaz, der gelegentlich sich selbst zum besten hat. Den Segen einer reinen Frauenliebe hat er nicht kennen gelernt und ist nach der Unsitte seiner Zeit ein bequemer Hagestolz geblieben. Und doch ist ihm manch ansprechendes Liebeslied gelungen, vor allem jener köstliche Wechselgesang, von dem Jul. Cäs. Scaliger urteilte, er wollte lieber der Dichter eines solchen Liedes, als König von ganz Aragonien sein. Das Grundmotiv ist nicht neu, die Wiederversöhnung eines zürnenden Liebespaares. In wunderbarer Kürze hat der Dichter Vergangenheit, Gegenwart und Zukunft aneinander gereiht. Kunstvoll weiß er durch das Mädchen den Jüngling zu übertrumpfen; echte Herzensempfindung spricht aus jedem Worte, Wehmut, Trotz und heiße Sehnsucht. Und doch ist alles durch Reflexion geläutert, aber der Natur so angenähert, daß der sentimentalische Dichter ebenbürtig dem naiven auf seinem eigensten Gebiete zur Seite tritt. Die andern Lieder sind meist leichteren Schlages, wie sie ja auch Libertinen besingen. Horaz vergleicht die Liebe gern dem Kriege. Mehr als einmal will er seine Waffen im Tempel der Venus aufhängen, aber immer wieder zwingt ihn Cypria unter ihr holdes Joch. Recht oft grollt er seinem Mädchen, er bringt ihr in eiskalter Nacht ein Ständchen; ein andermal tröstet er liebeskranke Freunde oder versöhnt gereizte Schönen. Kurz, er hat alle Farben auf seiner Palette, wenn er auch die Herrschaft über sein leicht entzündliches Herz niemals verliert.

Als größeren Meister erweist er sich im Freundschaftsliede (I, 3. 7. 24. 26. 29. 33. 36. II. 1. 2. 6. 7. 9. 10. 11. 14. 16. 17. III, 8. 29). Es giebt kein beliebteres Thema bei Horaz, als einen sorgenbedrückten Freund oder eine Freundin aus der Trübsal aufzuscheuchen und zum fröhlichen Lebensgenuß einzuladen. Mit ruhigem Gleichmut wappne die Seele dir, so ruft er. Was nützt es, das Leben zu durchtrauern? Sterben müssen wir alle einmal, und was wir nicht genossen haben, wird der lachende Erbe verschleudern. Darum

> Wo ihr Gezweig hochstämmige Pinien
> Und Silberpappeln wirtlich zum Schattendach
> Zusammenwölben und im Sturzbach
> Blinkend die flüchtige Well' herabschießt,
> Dort laß dir Wein hinschaffen und Nardenduft,
> Und eh' sie welken, kränze mit Rosen dich,
> So lang es Glückstand noch und Alter
> Dir und der Parze Gespinst verstatten. (Geibel.)

So tröstet er die Freunde, besonders den von Grillen und Todesfurcht geplagten Mäcen. Und er war reich an Freunden. Vor allen waren es die zeitgenössischen Dichter, denen er innig befreundet war, Vergil und Varius, Tibull und Valgius, Varus und andere; nur Properz scheint ihm fremd geblieben zu sein. Mit den Großen des Hofes stand er sich aufs beste, in erster Linie mit Mäcen, den er in seinem ersten und in seinem letzten Liede gefeiert hat, ohne ihm jemals seine Selbständigkeit zu opfern. Aber auch der wackere Feldherr Agrippa, der fein gebildete Asinius Pollio, der vornehme Messala Corvinus und andere (Sestius, Plancus, Sallust, Proculejus, Dellius, Murena und andere) sind von Horaz angesungen worden, alle mit feinem Takt und ihrer Individualität entsprechend. So mahnt er den hochfahrenden Murena, die sichere Mittelstraße einzuhalten, dem freigebigen Sallust empfiehlt er die Verachtung des Mammons, dem wetterwendischen Plancus den leichten Sinn des Teucer. Noch heiterer und ungebundener sehen wir ihn im Verkehr mit seinen Herzensfreunden und guten Bekannten. Den Jugendfreund Pompejus erinnert er an die fröhliche Studentenzeit, heiter neckt er seinen Intimus Aristius Fuscus als Großstädter, den Lamia als Abkömmling eines Riesengeschlechts, den Iccius, einen gelehrten Bücherwurm, als beutelüsternen Kriegsfreiwilligen. Vergil und Valgius tröstet er in bitterer Trauerzeit. Kurz, für jeden hat er ein passendes Wort, ein bald ernstes, bald heiteres Lied, stets würdig und maßvoll, niemals schmeichelnd und unwahr.

Natur und Wein, Liebe und Freundschaft machen den Inhalt seiner Lieder nicht allein aus; ein namhafter Teil gehört dem **Vaterlande und seinem Herrscher** (I, 2. 12. 14. 35. 37. II, 15. 18. III, 1—6. 14. 16. 24). Froh jubelt der Dichter über die Entscheidungsschlacht von Aktium und den Sturz Kleopatras. Aber so sehr er dem weibischen Antonius zürnt, so sehr bewundert er die stolze Frau, die sich vermessen hatte, Rom zu bekriegen. Und nun bricht die Ära des Friedens herein, ein für Rom unbekanntes Glück, nur selten unterbrochen von den Kantabrerkriegen und kleineren Unternehmungen. Doch war es mit dem Frieden nicht allein gethan, es mußte die Ordnung hergestellt, die Sicherheit der Straßen und Meere geschützt, die Grundlage zu einem neuen Staatswesen gelegt werden. Wie kein andrer war dazu Cäsar Octavianus, nachmals Augustus, geeignet, und man muß es ihm nachrühmen, daß er seine Aufgabe verstanden und bis zu einem gewissen Grade gelöst hat. Er packte das Übel an der Wurzel an; die fürchterliche Entsittlichung, die Entweihung der Ehe bekämpfte er mit weisen Gesetzen und strengen Strafen. Da ist es Horazens Verdienst, daß er dem Herrscher zur Seite geht, indem er

mahnend und warnend die Schäden der Zeit aufdeckt und die Heil=
mittel preist. Der Übel schlimmstes ist die Habgier, deren Vertreter
er im Kaufmann und Schiffsführer grell zeichnet. Erst daraus ist
erwachsen die Sittenlosigkeit, die Haus und Familie befleckt. Darum
bekämpft er das unsinnige Trachten nach Besitz, den unstillbaren Durst
nach Geld und Gut. Darum weist er auf die Tugenden der Vor=
fahren hin, die Rom groß gemacht haben. Am schönsten hat er dies
Thema erörtert in den sogenannten Römeroden, in denen er offen als
Anwalt der kaiserlichen Politik auftritt. Nachdem er zu Anfang als
Musenpriester Jupiter angerufen hat, preist er die Enthaltsamkeit als
Grundlage der Sittlichkeit und geißelt die Habsucht, die doch die
Sorgen nie verscheucht. Dann empfiehlt er die altrömische Mannhaftig=
keit, die im Reiten und Fechten, nicht in Spiel und Tand ihr Genüge
findet, und die Treue. Eine weitere Kardinaltugend ist die Beständig=
keit; der standhafte Mann erschrickt nicht einmal vor dem Einsturz des
Himmels. Darum widerrät er in mythologischer Einkleidung den Plan,
die Hauptstadt nach dem Osten zu verlegen, als Zeichen launischer Un=
beständigkeit. Im zweiten Teile des Liedercyklus preist er die Regie=
rung des Kaisers, aber in wahrhaft poetischer Form. Den Sieg über
die inneren Feinde vergleicht er mit der Niederwerfung der Titanen
(richtiger Giganten); den Kampf gegen die äußeren Feinde, die Parther,
sucht er durch einen Hinweis auf Regulus' Opfermut zu entfachen.
Im sechsten Liede entrollt er ein entsetzliches Gemälde sittlicher Ver=
worfenheit; er will hierdurch die Sittengesetze des Kaisers als berechtigt
und heilsam empfehlen. Er schließt:

> Von Vätern, die schon nimmer den Ahnen gleich.
> Verderbter stammen wir, und uns wird
> Mehr noch entartete Brut entsprossen. (Geibel.)

So schalt er sein Volk, zugleich ein Sänger und ein Prophet. Bald
verherrlicht er den Kaiser noch unmittelbarer. In ihm ist Merkur
zur Erde niedergestiegen, um der unglücklichen Roma zu helfen. Mit
Jubel begrüßt er den Herrscher, als dieser, von schwerer Krankheit ge=
nesen, aus Spanien heimkehrt. Ein andermal empfiehlt er ihn und
das ausziehende Heer dem Schutze Fortunas.

Die Beziehungen auf das religiöse Leben sind schon mehrfach
gestreift; sie nehmen sogar keine geringfügige Stellung in den Werken
unsers Dichters ein, wenngleich wir bei Beurteilung seiner Frömmigkeit
den Maßstab christlicher Innigkeit nicht anlegen dürfen (I, 10. 21. 34.
II, 19. III, 13. 18. 22. 23. 25). Er ruft bei ernsten Gesängen

den höchsten Gott Roms, Jupiter, an, als dessen Stellvertreter auf Erden Augustus göttliche Ehren genießt. Eine derartige Vergötterung darf dem Dichter schwerlich verübelt werden, da er in dieser Hinsicht unter dem Einflusse seiner Zeit stand, auch die Verleihung himmlischer Ehren an sterbliche Menschen seit ältester Zeit gang und gäbe war. Am häufigsten verehrt er Apollo, den Schützer des Gesanges, und seine Schwester Diana, die bevorzugten Götter des kaiserlichen Hauses, aber auch die Gottheiten des Weins und der Liebe, Bacchus und Venus, ferner Merkur, den Gönner der Dichter; auch den altrömischen Janus, der guten Anfang spendet, preist er, die Musen, Grazien und Nymphen in ihrer bunten Mannigfaltigkeit, stellenweise Neptun, Quirinus und den Feldgott Faunus. Immerhin beweist diese Fülle mythologischer Gestalten nicht das fromme Herz des Dichters, das sogar vielfach bezweifelt ist. Schon Lessing hat in seinen Rettungen auf jenes Gedicht hingewiesen, in dem Horaz, erschreckt durch einen Donnerschlag bei heiterem Himmel, für seine bisherige Ungläubigkeit Buße thut. Viel inniger und voll echter Frömmigkeit ist jenes Lied, das er seiner Schaffnerin gewidmet hat; er tröstet das ängstlich fromme Mädchen über die Geringfügigkeit ihrer Gaben. Nicht das teure Opfertier versöhnt die Götter, sondern ein reines Herz.

> Denn deine Hand, die fromm den Altar berührt,
> Versöhnt, auch arm an Gaben, wie köstlicher
> Brandopfer Duft den Zorn der Götter,
> Spendet sie knisterndes Salz und Mehl nur. (Geibel.)

Es ist das eine der Stellen, wo die Ahnung einer richtigen Gottesverehrung, ein Anbeten im Geist und in der Wahrheit, hell durchschimmert; wir finden denselben Gedanken auch bei Cicero in seinem zweiten Buch vom Wesen der Götter.

Ein Lieblingsthema ist für Horaz, wie für alle Dichter, das **Wesen und die Macht des Gesanges** (I, 1. 6. 22. 31. 32. II, 12. 13. 20. III, 30). Mit Dankbarkeit und Bewunderung gedenkt er seiner Vorbilder, des feurigen Alcäus, der männlichen Sappho. Sein heißester Wunsch ist es, ihrer würdig erachtet zu werden. Mit edlem Selbstgefühl gesellt er sich ihnen zu, aber er kennt die Grenzen seiner Begabung. Die Kriegsthaten des Agrippa kann er nicht besingen, das wird Varius thun; Kriege und Schlachten sind überhaupt nicht seine Stoffe, wohl aber das glänzende Augenpaar und die holde Stimme der Licymnia, der jungen Gattin Mäcens. Er schlägt öfters die Aufforderung aus, die Thaten des Augustus zu feiern. Aber auf seinem Felde fühlt er sich als Meister; die Quelle, die er besungen hat, wird zu den berühmten Quellen gehören. Was er kann, dankt er dem Gott, der ihn begeistert, sei es, daß er den Bacchus anruft, oder Apollo oder Merkur. Am häufigsten redet er nach Dichterbrauch mit der Muse; sie stimmt seine Laute, sie versteigt sich in den Himmel, sie ruft er herab auf die Erde. So tritt auch er für den ewig wahren Satz ein, um den oft so viel gestritten ist: Poeta non fit, sed nascitur. Und er ist sich seines Wertes bewußt; seine Lieder werden dauern, solange der Pontifex mit der schweigenden Jungfrau aufs Kapitol steigen wird, um für die Größe des römischen Staates zu beten; eine Prophezeiung, die, so stolz sie auch klingt, weit übertroffen ist. Kein Pontifex steigt mehr hinauf zum Kapitol, in Trümmern liegt das Rom der Cäsaren, aber die Lieder des Horaz leben und werden leben.

Den Beschluß mag eine Gruppe von Gedichten (I, 15. 28. III, 11. 27) bilden, die als Versuche anzusprechen sind, epische Themen in lyrischen Maßen zu besingen. Man kann nicht sagen, daß die Versuche, im ganzen betrachtet, geglückt sind. Weder die Verarbeitung homerischer Reminiscenzen in der Prophezeiung des Meergottes, noch die Nachdichtung der Grabschriften, wie sie aus den Sammlungen griechischer Epigramme bekannt sind, befriedigen, da sie der innern Einheit ermangeln. Gar manche Schönheiten im einzelnen weist die Erzählung des Danaidenmythus auf, die, wie das ähnlich gebaute Gedicht von der Klage der Europa, durch die Anrede einer Schönen zum lyrischen Liede gestempelt ist. Zum Herzen bringt das rettende Wort der Hypermnestra, erhaben ist die Schilderung der nächtlichen Fahrt über das weite Meer hin; aber einen einheitlichen Eindruck machen auch diese Oden nicht. Horaz ist als Lyriker wahrhaft groß im Kleinen; er hatte kein os magna sonaturum. Wo er sich an erhabene Stoffe wagt, da gelingt ihm im einzelnen gar manches; er findet auch für höhere Gedanken oft den angemessenen Ausdruck, die plastische Form. Aber unübertrefflich ist er nur im Trinklied, in den Freundschaftsgedichten, in der Ausprägung seiner milden, liebenswürdigen Lebensanschauung. Das hat er selbst am besten gefühlt und offen bekannt. Trotzdem ist es grundverkehrt, über seine Lieder im höheren Chor den Stab zu brechen und die Vorzüge seiner Vaterlandslieder, vor allem der Römeroden, zu verkennen. Der sittliche Zorn, die herzliche Teilnahme reißen ihn oft über die Grenzen seiner Begabung hinaus und verleihen seinen Gedichten die Weihe echter Poesie.

Zunächst allerdings entsprach der Erfolg nicht den hochgespannten

Erwartungen des Dichters. Er hatte sich vornehm zurückgehalten, hatte den Kritikern nicht die üblichen Schmeicheleien gesagt, hatte sogar die von Asinius Pollio aufgebrachte Sitte, seine Lieder in einem weitern Freundeskreise vorzutragen, stets verschmäht; man kannte schon in Rom die Einrichtung der Klaqueurs, die man spöttisch Sophokleſſe nannte. Darum wurden die Lieder zwar viel gelesen, aber wenig gelobt und als leere Nachahmungen getadelt. Unwillig wandte Horaz der Lyrik den Rücken und kehrte zur Sermonendichtung zurück. In den Jahren 23—20 entstanden die 20 Episteln des ersten Buches; denn Briefe, nicht Satiren nannte er die Plaudereien, die das Reifſte enthalten, was er uns überhaupt geschenkt hat. Mit fünfundvierzig Jahren ist Horaz auf dem Gipfel seiner Kunst angelangt; nicht minder ausgereift ist seine Lebensanschauung. Es gewährt einen großen Genuß, den Moſt sich klären, den Strom sich läutern zu sehen. Verschwunden ist die Schärfe des Spottes, wie er sie im ersten, verschwunden auch die dialogische Form, die er im zweiten Satirenbuche gepflegt hatte. Ein vollendeter Weltmann plaudert in Briefen, die teils echt, teils erdichtet sind, bald gehaltvoll, bald behaglich mit älteren und jüngeren Freunden über alles, was einen höherstrebenden Menschen fesseln kann. Mit gutmütigem Spott sieht er auf seine Lyrik zurück, sie ist nur Tand und Spiel. Jetzt hat er sich der Philosophie ergeben, aber nicht der strengen Schulweisheit, die alles in ein System einzwängt und dem guten Geschmack Hohn spricht, sondern jener praktischen Lebensweisheit, die nach innerem Frieden verlangt und darum den Thorheiten der großen Welt Valet sagt, um in der eigenen Brust ihr Genüge zu finden. Dem Inhalt entspricht die Form; noch immer scheinbar sorglos, ist sie doch, in Sprache und Vers, geschmeidiger, als in den Satiren und beweist hohe Kunstvollendung Zeile für Zeile. Horazens Episteln sind nächst Ciceros Briefen die liebenswürdigsten, geistvollſten Schriften der römischen Litteratur. Wir unterscheiden Episteln, die sich unmittelbar auf die Oden beziehen, wirkliche Briefe und philosophische Plaudereien. Zweimal bezieht er sich unmittelbar auf die drei ersten Odenbücher. Er warnt seinen Freund Vinius Asina (13), der die drei Rollen dem Kaiser überreichen soll, vor übermäßigem Eifer. Er will um alles in der Welt nicht als eingebildeter Thor erscheinen; darum der scherzende Hinweis auf den zweideutigen Beinamen des Boten, den er sich wenigstens nicht verdienen soll. Im schärfsten Gegensatz dazu steht das Gedicht (19), das in ehrlichem Zorn mit den Kritikern der Oden sich auseinandersetzt. Einen Nachahmer hat man ihn gescholten, und er haßt doch die Nachahmer wie keiner.

Doch ich prägte die bahnende Spur in ein neues Gebiet ein,
Das vor mir kein Fuß noch betrat. Mich freut's, die eroberten Gaben
Heut von den Besten gelesen zu sehen und in Händen gehalten. (Geibel.)

Aber er hat die üblichen Mittelchen und Wege verschmäht, sich die Gunst des großen Haufens zu erkaufen; daher jene Thränen. Es ist ein bitteres Gegenstück zu jener Ode, in der er sich rühmte, für die Ewigkeit geschaffen zu haben.

Nun die eigentlichen Briefe, dazu bestimmt, Abwesenden Rede und Antwort zu stehen; sie zeichnen sich durch vollendete Anmut und Liebenswürdigkeit aus. Eine Gruppe von Briefen ist an die jungen Genossen des kaiserlichen Prinzen Tiberius Claudius Nero gerichtet, der im Jahre 21 nach Armenien zog, um mit den Parthern abzurechnen. Es kam jedoch nicht zum Schlagen, da König Phrahates die dem Crassus abgenommenen Adler huldigend überreichte. Freundlich erkundigt er sich bei Florus (3) nach dem Leben und Treiben des hoffnungsvollen Stabes: Was schreibt Titius, der mit einem Pindar zu wetteifern wagte? Was Celsus? Vermeidet er es auch sorgfältig, sich mit fremden Federn zu schmücken? Und so plaudert er weiter mit den jungen Freunden, stets auf ihr Bestes bedacht, aber niemals aufdringlich belehrend. Ein ander Mal sehen wir ihn tief verstimmt (8) in den Banden der Hypochondrie; aber für die Freunde hat er noch immer ein ernstes Wort übrig, das den Celsus, den Sekretär des Prinzen, ermahnt, sein Glück weise zu ertragen. Ja, an ihn selbst wendet sich der Dichter mit einer Empfehlung (9), an den ernst verschlossenen Jüngling, dessen Charakterbild so unheimlich verzerrt ist durch die Ungunst der Überlieferung; mit unbeschreiblicher Feinheit entschuldigt er seine Kühnheit und willfahrt der Bitte des Freundes. Wo er helfen kann, hilft er gern. Er sucht den schwermütigen Tibull (4) aus seinen Grübeleien aufzuscheuchen, im Ernst und Scherz. Hat jener nicht alles, was sich ein Mensch nur wünschen kann? Und wenn auch das nicht hilft, so soll er nur kommen und den kleinen, runden Freund belachen, das Ferkel aus der Herde Epikurs. Denn Horaz feiert die Feste, wie sie fallen. In sonniger Heiterkeit lädt er den vielbeschäftigten Anwalt Torquatus (5) zum Gelage ein; zwar giebt es nichts Besonderes, aber alles ist sauber und nett. Er versteigt sich in seiner Vorfreude zu lyrischen Empfindungen; was vollbringt nicht der Wein? Komm, schließt er, und schreibe, wen du mitbringst. Ein echter Brief ist auch der (12), in dem er den philosophischen Dilettanten Iccius fast übermütig neckt; er tröstet den Klagenden, empfiehlt ihm einen gemeinsamen Bekannten und schließt mit wichtigen politischen und wirtschaftlichen Mitteilungen: Kantabrer und Armenier sind besiegt, Phrahates unterworfen, eine reiche Ernte in Aussicht. Die Krone dieser Briefe ist das umfangreiche Schreiben an Mäcenas (7), das in einer wichtigen Krisis des Freundschaftsverhältnisses die Entscheidung herbeiführt. Nirgends steht Horaz höher als Mensch, höher als Dichter. Es kamen Zeiten, wo seine Verpflichtungen ihm lästig wurden, wo Mäcen nicht den richtigen Takt bewies. Da war es des Dichters Aufgabe, ein Halt! zu gebieten. Daß er es gethan hat, macht dem Menschen, wie er es gethan hat, dem Dichter Ehre. Er schlägt die Einladung des Gönners rundweg ab; nicht nur für den Spätsommer, sondern auch für den ganzen Winter entschuldigt er sich. Nimmt aber Mäcen die Entschuldigung nicht an, so ist Horaz bereit, alles zurückzugeben, was ihm jener geschenkt hat; lieber arm, als unfrei. Solchen „Männerstolz vor Königsthronen" haben auch andere bewiesen; aber so fein, so vornehm, so liebenswürdig, wie Horaz, wohl niemand. Eine Fülle anmutiger Fabeln umhüllt arabeskenartig den bittern Kern: der bäurische Kalaber, die dickgefressene Maus, der bescheidene Telemach, endlich die Geschichte des antiken „Johanns, des munteren Seifensieders", dazwischen die wehmütigen Erinnerungen an das Glück der Jugendzeit, als der lockige Jüngling noch die schöne Cinara liebte, alles das mußte den Mäcen mit Horaz versöhnen und hat ihn versöhnt. Der Dichter setzte seinen Willen durch, und das Verhältnis ist nie wieder getrübt worden. Das Gedicht ist sein Meisterstück.

Aber wie die Satiren vielfach eine ethische Richtung zeigten, so hat Horaz auch in den Episteln vorwiegend Fragen der praktischen Lebensphilosophie erörtert, nun aber nicht mehr im schroffen Gegensatz zu dem Rigorismus der Stoa, sondern sich allmählich mit ihm versöhnend. Er war nicht nur älter, sondern auch reifer geworden. Wir lernen am besten seine Stellung zu den philosophischen Schulen aus dem Widmungsgedicht an Mäcen (1) kennen. Er verabschiedet die holde Jugendthorheit; er will nicht mehr dichten und schwärmen, sondern denken und forschen. Der Lyriker ist zum Philosophen geworden, aber nicht zum Schulphilosophen; er schwankt zwischen der bequemeren Weisheit Epikurs und der strengeren Sittlichkeit Zenos. Kann er auch nicht das letzte Ziel erreichen, so ist es doch schon etwas wert, bis zu einem gewissen Grade gelangt zu sein. Er macht sofort die Anwendung auf das Grundübel seiner Zeit, die Habsucht. Nach Tugend muß man streben, nicht nach Geld, und die Stimme des großen Haufens verachten; denn wer sich diesem hundertköpfigen Tier ergiebt, ist verloren. An seiner eigenen Läuterung will er arbeiten, die Übertreibungen der Schulphilosophen aber verachten. Alles das wird, mit mannigfachen Geschichten und Scherzen durchsetzt, launig vorgetragen. Es ist also die gesamte Lebensanschauung des Dichters, die hier und in den folgenden Dichtungen nach einem angemessenen Ausdruck ringt.

Der Grundzug seines Charakters ist von früher Zeit an ernst gewesen. In allen Trink- und Freundschaftsliedern bildet die Aussicht auf Tod und Grab den dunkeln Hintergrund; sie soll zur Freude, zum Lebensgenuß treiben. Aber diese wehmütig ernste Betrachtung des Todes mäßigte sein Verlangen nach den Freuden der Sinnlichkeit; weil seine Lebensführung sittlicher war, als die seiner Zeitgenossen, gefiel er dem Mäcenas und dem Augustus. Und bald vertieft sich der Ernst seiner Lebensanschauung; schon als vierzigjähriger Mann, noch in der Blüte der Kraft, schließt er ab mit den Wünschen der Jugend; er kehrt zurück zu den Idealen praktischer Lebensweisheit, die ihm der Vater in einfältiger Weise aufgezeigt hatte, aber er vertieft sie. Wir glauben in jenen Todesgedanken, in jenem Streben nach sittlicher Veredlung diejenige Sehnsucht der greisenhaften Zeit zu erblicken, von der es im Evangelium heißt, daß sie erfüllt war. Es ging ein Gefühl mangelnder Befriedigung durch die absterbende Welt des Altertums. Horaz hat an seinem Teile gerungen und gearbeitet, um diese Sehnsucht zu stillen; er hat bis zu einem gewissen Grade den Frieden der Seele gewonnen, nicht zum geringsten durch den Beistand der Philosophie. In seiner Zeit herrschten zwei Lehrsysteme, die, jedes nach seiner Art, manchem verlangenden Geiste Ruhe gebracht haben, Epikureismus und Stoicismus. Hatte Epikur ein zurückgezogenes, einem maßvollen Genusse gewidmetes Leben, vor allen aber ein gewisses Gleichmaß der Stimmung ($\mathrm{\alpha\tau\alpha\rho\alpha\xi\iota\alpha}$, $\mathrm{\alpha\nu\alpha\lambda\gamma\eta\sigma\iota\alpha}$) empfohlen, so verlangte die Stoa von ihren Jüngern die Verachtung der Sinnenwelt, die ausschließliche Hingabe an die Tugend, die mit der Vernunft und mit der Natur übereinstimmt; der Weise ist über Schmerzen und Genüsse erhaben, der Nichtweise ist krank, unfrei, ja unzurechnungsfähig, eine Lehre, der man eine sittliche Erhabenheit nicht absprechen kann. Horaz fühlte zwei Seelen in seiner Brust; wenn auch sein sittliches Gefühl in allmählicher Ausreifung ihn zur Tugendstrenge der Stoiker hinüberzog, so stieß sich doch sein gesunder Menschenverstand an dem hochmütig absprechenden Geschwätz der Modephilosophen und ihren maßlosen Übertreibungen. So ward er zum Eklektiker: bald versenkt er sich voll aufrichtiger Hingebung in die Opferfreudigkeit des stoischen Weisen, bald gleitet er behaglich zur milden Praxis der weltmännischen Hedoniker zurück und schilt sich selbst mit schalkhaftem Spott ein fettglänzendes Schweinchen aus der Herde Epikurs. Konsequent bleibt er sich nur in seiner Feindschaft gegen Ehrgeiz und Habsucht.

Wir bemerken in seinen philosophischen Episteln einen sichtbaren Fortschritt. Zu den frühesten Versuchen ist wohl der Brief zu rechnen (2), in dem er einem jüngeren Freund das Studium der Lebensweisheit dringend ans Herz legt; auch in den homerischen Gedichten, so scherzt er, hat er nur Beispiele für ethische Sätze gefunden. Eine Reihe von trefflich ausgeprägten Sentenzen schließt die Paränese, ohne daß es gelungen wäre, eine höhere Einheit zu erzielen. Weniger befriedigt uns das Gedicht (6), in dem er einem Numicius die $ἀθαμβία$ der Epikureer als Grundlage einer verständigen Lebensanschauung empfiehlt; wer sein Herz an irdische Güter hängt, ist den Sorgen preisgegeben. Mit diesem weltentsagenden Tone des ersten Teils stimmt gar nicht die spöttische Ironie des zweiten überein, die den Grundsatz verficht, daß man das, was man für richtig halte, gründlich betreiben müsse. Ein jeder folge seinem Geschmack. Einheitlicher gehalten sind die beiden Sendschreiben (17, 18), in denen er jüngeren Männern die rechte Lebensart empfiehlt, die ebenso fern ist von der unwürdigen Erniedrigung des Schmarotzers, wie von dem rechthaberischen Trotze des Cynikers. Dort rühmt er mit ironischer Bescheidenheit einem Grobian (Scaeva) die weltmännische Feinheit des Aristipp, der ein besseres Vorbild für Jünglinge abgeben möchte, als der trotz seiner Anspruchslosigkeit eitle Diogenes. Mit gerechtem Stolze rühmt der Dichter, daß der Umgang mit den ersten Männern seiner Zeit in seinen Augen ein Ruhm sei. Bald aber steigt er von diesem hohen Standpunkt nach seiner Art herab und giebt einige spöttische Anweisungen für Streber, deren Auffassung er natürlich nicht teilt. Der andere Brief gilt dem uns schon bekannten Lollius, dessen übertriebenes Selbstgefühl er zu mäßigen sucht. Nach dem Grundsatz des Aristoteles, daß die Tugend die Mitte zwischen zwei Fehlern sei, entwickelt er die Regeln, die für den Umgang mit Großen gelten, eine Art von Komplimentierbuch für Jünglinge höherer Stände. Was er sagt, hat alles Hand und Fuß, auch noch für heutige Verhältnisse. Am Schluß verwahrt er sich allerdings dagegen, als ob er noch derartige Regeln zu beachten habe. Mag Jupiter ihm äußere Güter nach seiner Gunst verleihen, die

Ruhe seiner Seele schafft er sich selbst. Mit der Zeit werden die Selbstbetrachtungen bei dem Dichter immer häufiger. Dem Bullatius (11), einem weitgereisten Weltmann, legt er dar, daß der innere Friede nicht von dem Wechsel des Aufenthaltes abhänge. Den Himmel, nicht das Herz verändern, die über das Meer eilen. Man kann in dem toten Lebedus, selbst in dem uns als Froschnest bekannten Ulubrä glücklich sein. Einer scherzenden Selbstprüfung unterzieht er sich auch, wenn er sich bei Numonius Vala (15) nach einem passenden Seebade erkundigt, wo er nach der Vorschrift des kaiserlichen Leibarztes Antonius Musa eine Kaltwasserkur vornehmen will. Er betont seine Doppelnatur; ist er auf dem Lande genügsam, so läßt er sich doch zur Abwechslung auch ein behagliches Leben und gute Verpflegung gefallen. Vielleicht um sich für gewisse Rückfälle in frühere Lebensgewohnheiten zu strafen, vergleicht er sich scherzend mit Mänius, dem Typus der Schlemmer, der einen Bärenhunger befriedigen mußte. Allmählich nähert sich der alternde Dichter der Stoa, die er einst so ingrimmig verspottet hatte, erst mehr im Scherz, bald ernsthafter. Auf seinem Sabinergute kommt ihm immer das Wort in den Sinn, daß man der Natur gemäß leben müsse. So beweist er seinem Herzensfreund Aristius (10), in derberem Tone seinem Verwalter (14) die Vorzüge des Landlebens, angeschaut vom Standpunkt philosophischer Selbstprüfung. Herzlich und ernsthaft das eine, kräftig und lustig das andere Mal. Der großstädtische Freund soll es nur glauben, daß es draußen kühler und frischer ist, als drinnen in Rom, das mit seinen Kunstgärten doch nur die Reize der unverfälschten Natur mühsam nachahmt. Auf dem Lande kann man allein zur Einkehr in sich selbst, zur sittlichen Veredlung gelangen, nur hier der Habsucht entfliehen; Tierfabel und Vergleiche aus dem täglichen Leben würzen die philosophische Epistel, die liebenswürdig mit einer feierlichen Unterschrift schließt. Dasselbe wiederholt der Dichter, aber in anderer Tonart unter der Deckadresse des Inspektors, der sein Gütchen verwaltet. Der will nach Rom, der Herr aufs Land. Wer hat nun recht? Natürlich Horaz; denn der Sklave kennt nur vergängliche, materielle Freuden, die sein Herr allerdings auch einst geschätzt und genossen, nun aber für immer verabschiedet hat. Er hat gezecht und geliebt, nun sucht er Ruhe und Frieden. Diese Gedanken finden ihre edelste und reinste Ausprägung in der herrlichen Epistel (16), die sich angeblich an einen Quinctius richtet. Wieder beginnt der Dichter mit einer Verherrlichung seines Gutes, das uns so anschaulich, wie nirgends, beschrieben wird. Dann springt er rasch zu seinem Thema über: Wer ist ein wahrhaft sittlicher Mensch? Zunächst warnt er vor der Volksstimme, die der Eitelkeit des einzelnen schmeichelt, um sie ebenso unbesonnen zu verletzen. Nun entwickelt er das Ideal des großen Haufens, den Mann des Gesetzes und äußeren Anstandes, der öffentlich zu Janus und Apollo betet, während er im geheimen betrügt und täuscht, ein Sklave des Gottes Mammon, der ihn unbarmherzig unter sein goldenes Joch zwingt. Ihm gegenüber steht der Mann der echten Sittlichkeit; er tritt mit edlem Anstand vor die Frau Welt, wie einst Bacchus vor König Pentheus. Und nehmen sie ihm Gut und Geld, es rührt ihn nicht. Werfen sie ihn aber ins Gefängnis und bedrohen ihm Leben und Gesundheit, so hat er noch immer ein Mittel, seine sittliche Freiheit zu behaupten, den Selbstmord. Wahrlich, eine tiefsinnige Dichtung, fast zu gedanken= schwer für die leichte Form, und doch so bezeichnend für das sittliche Ideal des absterbenden Heidentums im Gegensatz zur Lehre Christi und seiner Jünger. Das Thema „Legalität und Moralität" erinnert vielfach an den Vergleich zwischen dem Pharisäer und dem Christen; wie jener ganz in äußeren Werken aufgeht, so zeigt dieser vor allem ein reines Herz und sittliche Kraft. Der Weise und der Christ sind über irdische Glückseligkeit erhaben; aber während sich der auf eigene Kraft angewiesene Heide nur durch schmähliche Fahnenflucht aus den Nöten dieses Lebens befreien kann, hält der Christ auch diese mutig aus, im getrosten Vertrauen auf seines himmlischen Vaters gnaden= volle Liebe.

In fröhlichster Laune beschließt er das erste Buch der Episteln (20). Er schilt sein geistiges Kind, das ungeduldig an die Öffentlichkeit zu gelangen sich sehnt, schamlos und unklug. Wie wird es dem Ärmsten gehen? Anfangs ein Modebuch, wird es bald herabsinken zum Futter für die Leihbibliotheken der Provinzen oder gar zur Fibel. Damit aber dann der jugendliche Leser den Verfasser kennen lerne, fügt er in schelmischer Selbstironie einen kurzen Bericht über Herkunft und Äußeres, Charakter und Alter an.

Mäßig an Wuchs, früh grau, wie ein Kind stets fröhlich der Sonne,
Rasch auflodernd im Zorn, doch leicht zu versöhnen. (Geibel.)

So schildert er sich. Wir wissen noch mehr. Er war untersetzt, aber wohl beleibt, so daß der Kaiser über sein Bäuchlein gern spottete. In seiner Jugend schwarzlockigen Hauptes, war er mit den Jahren nicht nur grau, sondern auch kahl geworden. Seine Gesundheit war nicht die beste; zuweilen hatte er sich mit hypochondrischen Grillen nach

Art älterer Junggesellen zu plagen. Er war allmählich zu innerem Frieden und gleichmäßiger Gemütsstimmung gelangt.

Nach Vollendung des genannten Buches scheint Horaz eine Zeit lang gefeiert zu haben, da es nicht wahrscheinlich ist, daß Werke von ihm verloren gegangen sind. Überhaupt dichtete er mit Sorgfalt und war der modernen Vielschreiberei ganz fremd. Da geschah das Unerwartete, daß er noch einmal zur Lyrik zurückkehrte. Im Jahre 17 erschien das carmen saeculare, in den Jahren 17—13 das vierte Buch der Oden. Es war kein Geringerer, als der Herrscher selbst, der diese Wandlung herbeiführte. Seit Horaz in seinen Oden der Monarchie ebenso aufrichtig wie würdig gehuldigt hatte, ließ der Kaiser es an Gunstbezeugungen nicht fehlen. Als er nun den Abschluß seines Verfassungswerks, die Einrichtung der Monarchie, durch ein religiöses Fest zu feiern gedachte, übertrug er die Abfassung der Festkantate dem Horaz, der dadurch von der maßgebenden Persönlichkeit nach Vergils Tode als erster unter den römischen Dichtern anerkannt wurde. Großartig war die Feier des Jubelfestes, wie solches nach einer Wiederkehr von ungefähr 110 Jahren (saeculum) schon mehrfach begangen war. Drei Tage währte die Feier, von der auch eine noch heute erhaltene Denkmünze und das kürzlich aufgefundene Protokoll des Festes Zeugnis ablegen. Am dritten Tage trug ein aus 27 auserlesenen Jünglingen und ebensoviel Jungfrauen bestehender Chor die zu diesem Zwecke gedichtete und komponierte Hymne vor, ein feierliches Lied, voll tiefer Empfindung und herzlicher Vaterlandsliebe (carmen saeculare). Glänzende Sonne, möchtest du niemals Größeres schauen, als die Stadt Rom! So flehte der Dichter, so rief ihm nach 18 Jahrhunderten unser Goethe nach. Es sind Apollo und Diana, die Lieblingsgottheiten des Augustus, die angerufen werden, ganz besonders um die Sitten- und Ehegesetze des Herrschers zu einem glücklichen Ausgang zu führen. Die Götter haben die flüchtigen Trojaner nach Italien geführt und Rom gegründet, sie werden auch den Nachkommen des Anchises und die römische Weltherrschaft erhalten. In begeisterter Vision sieht der Dichter sein Gebet erhört und ein neues, goldenes Zeitalter heraufgeführt, im scharfen Gegensatz zu seinem ersten Liede, der 16. Epode. Ungeheuer war die Wirkung. Mit einem Schlage verstummten die scheelsüchtigen Kritiker. Und wie unter der Frühlingssonne erwärmendem Glanze die schwellenden Knospen springen, so sprudelte, hervorgelockt durch den Beifall der Zeitgenossen, ein reicher Liederquell aus der Brust des alternden Sängers. Auch das vierte Buch, den Liederherbst des Horaz, verdanken wir dem Drängen des Herrschers, der den vindelicischen Sieg seiner Stiefsöhne Tiberius und Drusus verherrlicht wissen wollte.

Es hat einen eigenen Reiz, die ausgereifte Kunst des Dichters zu bewundern. An Formvollendung stehen diese Spätlinge seiner Muse einzig da, aber auch an poetischem Wert dürfen sie sich getrost neben seine besten Schöpfungen stellen. In der Metrik zeigt sich der Dichter, wie schon im carmen saeculare, noch feinfühliger, als früher; so hat er in der sapphischen Reihe die weiche, weibliche Cäsur zugelassen und die Elision langer Vokale vermieden. Der Inhalt ist mannigfach genug; fast scheint es, als habe er noch einmal sein ganzes Gebiet durchmustern wollen. Er feiert die Pracht des Frühlings (7, 12) glänzender als je, allerdings nicht ohne wehmütige Hintergedanken. Es zerrinnt der Schnee, aber auch das Leben. Die Winde schwellen die Segel, Vogelsang und Schalmei ertönen, aber vor allem treibt der Gedanke an den nahen Tod zum frohen Genuß, zum heitern Trunk. Einmal gedenkt er seines Mäcen (11), dessen Geburtstag er mit seiner Phyllis, seiner letzten Liebe, feiern will. Alles ist sauber und nett, nur plage sich niemand mit hochgespannten Hoffnungen und müßigen Sorgen. Auch der Liebe huldigt er (1, 10, 13), aber mehr zum Schein. Denn das Eingangsgedicht, das die grausame Mutter der süßen Leidenschaften auf den jungen, schönen Paullus hinweist und doch zuletzt der Thräne um den holden Ligurinus gedenkt, soll nur die Rückkehr zur Lyrik begründen; es ist symbolisch zu verstehen. Zugleich ist es gewissermaßen, wie das 10., eine Ergänzung der Liebeslieder. Endlich greift er noch einmal auf die alten Epodenstoffe zurück und verhöhnt eine verliebte Alte, die der ausdauernden Krähe gleicht, während die liebliche Cinara nur kurzlebig gewesen ist. Als Freundschaftslied ist die Ode an Censorinus (8) anzusehen, dem er, wie einst dem Lamia, durch sein Lied Unsterblichkeit schenkt. Den weitaus größten Raum nehmen die Vaterlandslieder ein, vor allem diejenigen, um derentwillen das Buch abgefaßt ist, die Verherrlichung des Drusus (4) und des Tiberius (14). In pindarischem Schwunge vergleicht er den ersteren, den Liebling des Kaisers und des Volkes, dem jungen Adler und dem Löwen; er spricht aber das größte Verdienst um des jungen Helden Kraft dem Stiefvater zu, dessen weise Erziehung die eingeborne Anlage schön entwickelt hat. Und nun bricht er ab, um nicht in überschwengliche Panegyrik zu verfallen, und preist den berühmten Ahnen Claudius Nero durch den Mund des besiegten Hannibal. Tauche Rom in die

Tiefe, schöner kommt es hervor; kämpfe, es wird den kräftigen Gegner zu Boden werfen. Alles vermögen die Claudier. So feiert er maßvoll und aufrichtig den jungen Helden. Ist auch ein derartiger Stoff ihm sonst fremd und früher von ihm zurückgewiesen, so macht das schöne Gedicht doch auf jeden Unbefangenen einen erhebenden, wahrhaft poetischen Eindruck, vorausgesetzt, daß man die unglückselige Strophe streicht, die in ihrer antiquarischen Genauigkeit den Leser grausam entnüchtert. Etwas matter ist das andere Lied. War ihm der ernste, zurückhaltende Jüngling weniger sympathisch? Oder erlahmte seine Kraft, die nun einmal nicht für kriegerische Weisen ausreichte? Er beginnt mit einem Lobe des Augustus und des Drusus, um dann den Tiberius dem rasenden Südwind und dem heimatlichen Aufidus zu vergleichen. Bald kehrt er wieder zum Kaiser selbst zurück, dessen ununterbrochene Siegesbahn er verherrlicht. Daran reihen sich die Gedichte, die unmittelbar dem Herrscher gewidmet sind (5, 15). In ungeschminkter, fast einfacher Weise begrüßt er ihn, als er aus Gallien zurückkehrt. Wie die Mutter den fernen Sohn, so hat das Vaterland seinen Kaiser vermißt. Und er verdient es. In großen Zügen wird mit Recht der Frieden und Segen seiner Regierung gerühmt, mag auch manches, wie die Sittenverbesserung, als erreicht angesehen werden, was nur erstrebt war. Zum Schluß wird das fröhliche Winzerleben des den Kaiser feiernden Landmanns anschaulich geschildert. Nur kurz, aber treffend preist ihn das letzte Lied. Zwar hat Phöbus ihm verboten, Kriege zu besingen, aber ein kurzes Zeugnis für die Ruhmesthaten des Augustus ist gestattet; erst im Polysyndeton, dann in der Anapher wird alles zusammengefaßt, was das neue Rom seinem ersten Monarchen dankt. Und war das Lob des Augustus etwa unverdient? Die Provinzen des Weltreiches haben sicher nie schönere Zeiten gesehen, als unter der Monarchie. Am liebsten aber beschäftigt sich der Dichter mit Reflexionen über Wesen und Wirkung seiner Kunst. Zwei Gedichte beziehen sich noch auf das carmen saeculare. In dem einen (6) erfleht er vom Musengott Apollo Schutz für das große Unternehmen. Er wendet sich selbst an die Jungfrauen und Jünglinge und bittet sie um Ernst und Eifer, indem er ihnen als Lohn die freundliche Erinnerung an ihren und seinen Ehrentag verheißt. Im anderen Liede (3) giebt er seinem hochgespannten Selbstgefühl einen freien und doch bescheidenen Ausdruck. Jetzt gilt er als der römische Spielmann, als der Liebling des Volkes, das auf ihn mit dem Finger weist; aber nicht sein ist das Verdienst, sondern des Gottes, der ihn beseelt und beschützt. Es fehlt ihm nicht an klarer Einsicht in die Eigenart seiner Begabung; die Ode (2), in der er sich bescheiden vor Pindars Geiste neigt, klingt fast wie eine Selbstkritik, wenn man erwägt, daß er kurz zuvor allerdings mit Pindar gewetteifert hat. Jener gleicht in seinem erhabenen Schwunge dem stolzen Schwane, er der kleinen Biene, die mühsam Honig einsammelt. Darum mag der hochgeborne Freund Jullus Antonius selbst den heimkehrenden Herrscher besingen, er wird im Chore einstimmen. Leise verklingt, wie oft, die erregte Stimmung in der Ausmalung eines bescheidenen Opfers. Auf der anderen Seite aber ist er sich bewußt, wie hoch die Poesie über allen Künsten und Fertigkeiten steht. Dem Lollius (9) preist er die Macht des Gesanges. Wenn auch Griechenlands Dichter ihn überstrahlen, so wird doch auch sein Lied nicht verhallen; und das Lied hat große Gewalt. Was wäre Agamemnon in aller seiner Herrlichkeit, wenn ihn nicht Homer verherrlicht hätte? So feiert er den hochgestellten Mann, dessen unbestechliche Ehrenhaftigkeit er vor allem rühmt; wir wissen nicht, ob er in dem Lobe eine Mahnung verbergen wollte, oder ob er sich in dem Hofmann, der nachmals ein jähes Ende fand, getäuscht hat. So hat er noch einmal alle Töne seiner Leier, die ihm zu Gebote standen, angeschlagen. Man merkt den Liedern des fünfzigjährigen Dichters kaum eine Ermüdung oder einen Rückgang seiner Dichtergabe an.

Aber der Kaiser war noch nicht befriedigt. Es verdroß ihn, daß Horaz noch niemals an ihn ein poetisches Schreiben gerichtet hatte, wie an so viele. Glaubst du etwa, schrieb er ihm, daß dir meine Freundschaft bei der Nachwelt zum Vorwurf gereichen möchte? Wahrlich, ein vollgültiges Zeugnis für des Dichters Zurückhaltung. So dichtete er denn um das Jahr 13 die erste Epistel des zweiten Buches, die das Thema von dem verkehrten Geschmack der Zeitgenossen behandelt. Nach einer ehrfurchtsvollen Anrede, die auf die göttliche Verehrung des genius Augusti sich bezieht, tadelt er seine Landsleute, weil sie die Schriftsteller früherer Zeiten ohne triftigen Grund den lebenden Dichtern vorzögen; so nimmt er die Polemik wieder auf, die er im vierten und zehnten Gedichte des ersten Satirenbuches gegen die Älteren im allgemeinen und Lucilius im besondern gerichtet hatte. Das Alter allein giebt keinem Gedichte das Anrecht auf Anerkennung. Er läßt nun die Dichter der Vorzeit der Reihe nach vorüberziehen; er bestreitet ihnen nicht ihre Vorzüge, aber er rügt die blinde Voreingenommenheit, die ihre Schwächen, namentlich in formeller Hinsicht, ganz übersieht. So tritt hier Horaz als Vorkämpfer der jüngeren Dichterschule, als Verfechter einer veredelten Kunstform, eines verfeinerten Geschmacks tapfer der archaisierenden Richtung gegenüber. Treffend weist er dann auf die späte Entwicklung der römischen Poesie hin, deren Nutzen für das Gemeinwesen er betont. Nach rohen Anfängen hat erst der griechische Einfluß dem bäurischen Latium die dramatische Dichtung vermittelt; auch sie anfangs noch mangelhaft, weil dem Broterwerb unterworfen, später durch prachtvolle Ausstattung, durch Aufzüge und andere Übertreibungen veräußerlicht. Horaz lehnt sowohl das Drama der Alten, unter denen er die Bedeutung des Plautus ganz verkennt, als auch die Aufführungen seiner Zeit ab; er empfiehlt dem Kaiser den Schutz der Dichter, die für das Auge, nicht für das Ohr schreiben. Unter ihnen nennt er Vergilius und Varius mit Auszeichnung; er muß es allerdings wegen der Dürftigkeit seines Talents ablehnen, die Thaten des Herrschers zu verherrlichen. Müßte er doch Gefahr laufen, seinen unvollkommenen Versuch als Makulatur verkauft zu sehen. So sehen wir den Dichter hier, wie immer, fein und klug, gedankenreich und maßvoll. Mag er auch hier und da in berechtigter Selbstverteidigung über das Ziel hinausschießen und der Bedeutung der Früheren nicht ganz gerecht werden; in der Hauptsache hat er recht, wenn er die Anerkennung für die in metrischer und sprachlicher Hinsicht gemachten Fortschritte vermißt.

Wie ein wehmütiger und doch heiterer Abschied von Poesie und Jugend erscheint die dem Florus (2) gewidmete Epistel, die wir nicht in das Jahr 18, sondern vielmehr in das Jahr 11 verlegen, als der Angeredete vermutlich den Prinzen Tiberius wieder einmal auf einem Kriegszug, und zwar diesmal nach Pannonien, begleitete. Ein Lächeln um die Lippen und eine Thräne im Auge, so zeigt sich uns der Dichter in der letzten seiner abgeschlossenen Dichtungen, auch hier der Meister der anmutigen, geistreichen Plauderei. Behaglich beginnt er mit einer Entschuldigung seiner Schreibfaulheit, er habe es vorher gesagt; Florus könne so wenig klagen, als wenn er einen Sklaven gekauft hätte, dessen Fehler ihm bekannt gewesen seien. Aber nicht nur das Schreiben überhaupt, sondern auch das Dichten hat Horaz abgeschworen. Warum? Die ersten Gründe sind komisch übertrieben. Wie in der bekannten Geschichte der verarmte Soldat einen wahren Heldenmut bewies, der bereicherte Gleichgültigkeit, so ist auch Horaz eine gesättigte Existenz. Verse hat er gemacht, als die Armut ihm Kühnheit erweckte; wozu soll er jetzt noch dichten? Aber anderes kommt dazu. Der Geschmack ist verschieden, die Wünsche seiner Freunde widersprechen sich. Es fehlt ihm auch in der lärmenden Hauptstadt der Welt an Ruhe und Sammlung, wie er in einer lebhaften Schilderung drastisch ausführt. Ferner ärgert ihn die gegenseitige Bewunderung der Dichter, die er lustig verspottet, wenn er sie mit den Gladiatoren vergleicht; so fallen sie übereinander mit ihren Versen her, um sich wechselseitig zu verarbeiten. Endlich ist es überhaupt eine schwere Sache, zu dichten, wenn anders man seine Aufgabe ernst nimmt; die sprachliche Darstellung verlangt einen Meister. Ist da nicht der glücklich, der sich in harmloser Thorheit seiner Stümpereien freut? Und nun wird er ernsthaft. Mit weit mehr Nachdruck, als in der ersten Epistel des ersten Buches, verabschiedet er Jugend und Dichtung; er weiht sich der Philosophie, die ihn gegen die Laster seiner Zeit wappnen soll, vor allem gegen die Habsucht. Sie bekämpft er auch hier. Giebt es doch überhaupt keinen eigentlichen Besitz bei dem beständigen Wechsel der Eigentümer, nur eine kurze Frist der Nutznießung. Daher sind die auf dem richtigen Wege, deren Genius sie warnt vor dem Wetten und Wagen, das Glück zu erjagen. Nicht zu viel und nicht zu wenig, nicht habgierig und nicht verschwenderisch, so will Horaz, wie ein Schulknabe die Ferien, die kurze Spanne des Erdenlebens genießen, der letzte unter den ersten, aber immer den letzten vorausgehend. Nur kurz gedenkt er der übrigen Fehler, der Ehrsucht, des Aberglaubens, des Zorns. Wirst du sanfter und besser mit den Jahren? ruft er sich zu. Genug des Scherzes; es ist Zeit, abzutreten, damit nicht die kecke Jugend dich austreibt. So ernsthaft hat Horaz noch nie gesprochen, so konnte er gar nicht sprechen, ehe er das vierte Odenbuch gedichtet hatte. Er hat sich, wie nur einer, für den bängsten Augenblick des Menschenlebens vorbereitet, getreu seiner Mahnung, wie ein satter Tischgast zufrieden von dieser Erde zu scheiden.

Von seinem äußern Leben in diesen letzten Jahren wissen wir gar nichts; es ist vermutlich still und gleichmäßig in der mehrfach angedeuteten Richtung verlaufen. Das Verhältnis zu August und Mäcen blieb unverändert. Nur das können wir mit Sicherheit behaupten, daß er sich vielfach mit ästhetischen Fragen, wie schon früher, abgegeben hat. Als Zeugnis dafür dient uns das letzte Gedicht, das wir von ihm besitzen, das Buch von der Dichtkunst, das er den Pisonen, dem Vater und seinen beiden Söhnen, gewidmet hat. Da nach einer Mitteilung des Tacitus jener achtzigjährig im Jahre 32 n. Chr. gestorben ist, so wird das Gedicht in den Jahren 10—8 v. Chr. abgefaßt sein. Dafür spricht auch der Umstand, daß es nicht abgeschlossen ist; es umfaßt eine Reihe von feinsinnigen Bemerkungen über das Wesen der Dichtkunst im allgemeinen und des Dramas im besondern. Aber diese Gedanken sind weder untereinander in irgend einer Weise verbunden, noch zu einem Ganzen abgerundet. Es sind Aphorismen, die vielleicht erst nach seinem Tode von einem Freunde herausgegeben sind. Die äußere Veranlassung scheint die Neigung der drei Pisonen zu dramatischen Versuchen geboten zu haben.

Der Dichter führt uns mitten in die Sache hinein. Wollte einer ein Menschenhaupt mit einem Pferdehals und Vogelfedern verbinden, um schließlich den Frauenleib in einen schwarzen Fisch ausgehen zu lassen, würdet ihr nicht lachen, Freunde? Er beginnt also mit der Forderung organischer Einheit und Einfachheit und führt sie an zahlreichen Beispielen, etwas sprunghaft, durch. Vor allem sollen die Dichter vorsichtig bei der Wahl ihres Stoffes zu Werke gehen und ihre Beanlagung berücksichtigen. Die größte Arbeit erfordert die sprachliche Darstellung, die ganz besonders auf Neubildungen bedacht sein muß; denn die Sprache ist wandelbar. Dann ist die Wahl des Metrums wichtig; der Epiker wird den daktylischen Hexameter wählen, der Dramatiker den Jambus. Der Ausdruck muß der jeweiligen Stimmung angepaßt und bis zu Ende durchgeführt werden. In der Wahl der Stoffe schließe man sich an Bekanntes, am besten an Homer an, der auch für viele andere Beziehungen Muster und Vorbild ist, z. B. für einen passenden Anfang, der nicht zu viel verspricht und gleich mitten in die Handlung hineinführt. Für den Dramatiker ist die angemessene Zeichnung der Charaktere die Hauptsache, wie an den Altersstufen nachgewiesen wird. Ferner soll man lieber auf, als hinter der Bühne die Handlung vor sich gehen lassen, natürlich mit Ausnahmen. Der Akte sollen fünf sein, ein deus ex machina nur im Notfall erscheinen. Wichtig ist auch die Ausstattung des Chors, der sich bescheiden zurückhalten und nicht durch lärmende Musik in den Vordergrund geschoben werden soll. Daran knüpft der Verfasser Bemerkungen über das Satyrdrama, das nicht, wie es die damaligen Atellanendichter thaten, in Spiel und Ton zu tief herabgedrückt werden darf. Plötzlich springt Horaz wieder auf das Metrum über, indem er die Gesetze des Jambus feststellt und auf das Beispiel der Griechen im Gegensatz zum Ungeschick des Plautus hinweist. Die Entstehung der Tragödie wird gestreift, Thespis, Äschylus, dann die römischen Nachahmer, die es leider an Fleiß und sauberer Feile haben fehlen lassen. Nur Thoren kümmern sich nicht um die Regeln der Kunst; darum will Horaz seinen Zeitgenossen den Dienst eines Wetzsteins leisten. Was ist überhaupt Poesie? Eine gründliche Ausbildung des Geistes, innere Harmonie ist die Voraussetzung des echten Dichters. Leider hapert es in Rom bald wegen des Inhalts, bald wegen der Form. Nur bei den Griechen deckte sich beides stets. Der Römer ist aber von Hause aus praktisch gerichtet, nur für das tägliche Leben zugeschnitten. Was will die Poesie? Sie will entweder nützen oder ergötzen, am liebsten beides zugleich. Fehler können zuweilen unterlaufen, wie wir das sogar bei Homer wahrnehmen. Auf den Standpunkt des Beurteilers kommt viel an; manches gefällt nur einmal, manches zehnmal. Aber schwer ist das Dichten; mittelmäßig dürfen Dichter nicht sein. Daher möge der ältere der Pisonen sich wohl prüfen, ob seine Begabung zureiche; er mag seine Werke einem bewährten Kenner vorlegen und sie neun Jahre im Pulte zurückhalten. Denn die Dichtkunst ist hohen, göttlichen Ursprungs, von Orpheus und Amphion herstammend; dann erst kamen Homer und Tyrtäus. Ein alter Streit herrscht über den Ursprung der Dichtergabe, ob sie durch Naturanlage oder durch kunstmäßige Schulung begründet sei. Horaz nimmt eine vermittelnde Stellung ein; weder die göttliche Ader noch der ehrliche Fleiß sind zu missen. Aber das verkennt man jetzt, wo sich jeder für einen Dichter ausgiebt, dank der auf Gegenseitigkeit begründeten Bewunderung. Da war der verstorbene Quinctilius Varus ein anderer Mann, der auch seinen Freund zu tadeln pflegte. Gerade sorgsame Feile, unbarmherzige Tilgung des Wertlosen ist geboten. Niemand ist gemeinschädlicher, als ein eingebildeter Dichterling; einem solchen Blutegel muß man ausweichen; sonst hält er sich so lange fest, bis er sich vollgesogen hat. Hier endet das gedankenreiche Bruchstück, das uns einen Einblick in des Dichters Gedankenwelt am Abend seines Lebens verstattet.

Von äußeren Erlebnissen des Horaz ist uns auch aus dieser Zeit nichts bekannt. Viele seiner Freunde sah er vor sich sterben, auch seinen Mäcenas im Jahre 8 v. Chr. Dieser empfahl den Dichter dem Herrscher: Sei des Horaz wie meiner eingedenk. Noch in demselben Jahre schlug auch diesem, kurz vor der Vollendung des 57. Jahres, die Scheidestunde, gerade wie er es vor Jahren dem geängsteten Freunde versprochen hatte. Der Tod überraschte ihn derartig, daß er nicht mehr sein Testament niederschreiben konnte; er setzte mündlich den Augustus zu seinem Erben ein. Auf dem Esquilin wurde er neben Mäcen bestattet. Wie Sueton gleichfalls berichtet, wurden ihm bald fremde Schriften untergeschoben, Elegieen und ein Brief, in dem er sich an=

geblich dem Mäcen empfiehlt. Aber beide entsprachen, wie der Geschichts=
schreiber fein bemerkt, nicht dem Genius des Dichters; jene waren ge=
wöhnlich, dieser sogar dunkel, ein Fehler, an dem Horaz keineswegs litt.

Horazens Eigenart steht so deutlich vor uns, wie die keines
anderen römischen Dichters. Man hat ihn treffend den menschlichsten
unter ihnen, den Griechen unter den Römern genannt; der Mensch
und der Dichter hängen unauflöslich miteinander zusammen. Was
uns so anzieht bei Betrachtung seines Charakters, ist gerade die innige
Verschmelzung römischen und griechischen Wesens. Römisch ist an ihm
der Sinn für das Wirkliche, der immer die Menschen und Dinge
fest im Auge behält und niemals den Boden unter den Füßen verliert.
Durch Anlage und Erziehung gewohnt, die Welt der Erscheinungen
scharf und aufmerksam zu beobachten, fühlte er sich bald getrieben, das,
was ihm auffiel, niederzuschreiben. Daher seine Vorliebe für das
Konkrete, seine Gabe, anschaulich darzustellen; daher aber auch seine
Abneigung gegen das Abstrakte, sein Mangel an wirklichem Schwung,
an echter Begeisterung. Das Ethos überwiegt bei ihm das Pathos.
Griechisch war an ihm dagegen der Sinn für das Maß, die Schön=
heit der Form. Er haßte alle Übertreibung in gutem wie in bösem
Sinne. Daher sein Gegensatz zu dem Rigorismus der stoischen Ethik,
daher aber auch sein unerbittlicher Kampf gegen die Grundübel seiner
Zeit, die Ehrsucht und die Habgier. Sie waren ihm mehr noch aus
ästhetischen, als aus ethischen Gründen zuwider. Erst allmählich be=
siegte er in sich die altrömische Derbheit, deren Spuren sich mehr und
mehr in seinen Gedichten verlieren. Mit wachsendem Erfolge bestrebte
er sich, die Harmonie zwischen Denken und Dichten, Inhalt und Form,
die dem gebildeten Griechen schon der Genius seines Volkes beigesellt
hatte, in Leben und Werken herzustellen. Zunächst in der Form seiner
Gedichte, in Metrum und Sprache, dann aber auch in seiner Lebens=
anschauung und Lebensweise. Ihn schmückten reiche Gaben des Geistes
und Herzens. Ausgerüstet mit den edelsten Bildungsstoffen seiner Zeit,
hörte er nicht auf, durch Lektüre und Studium sich fortzubilden; er
bezeugte in der Auswahl seiner Lieblingsdichter einen auserwählten
Geschmack. Er besaß ein warmes Herz für alles Schöne und Edle.
Den Freunden, dem Vaterlande, dem Herrscher bewies er aufrichtige
Liebe, ohne jemals seine Selbständigkeit aus Schwäche oder gar aus
Selbstsucht preiszugeben. Ein ganzer Mann, ein abgeschlossener Cha=
rakter, eine volle Persönlichkeit tritt uns aus seinen Werken entgegen.
Seine Schwächen und Fehler werden zum Teil durch die Bedingtheit

seiner Zeit erklärt; er hat redlich an seiner Selbstveredlung gearbeitet. Seine sittliche Lebensführung überragt ohne Zweifel die seiner meisten Zeitgenossen. In seiner dichterischen Veranlagung überwiegt der reflektierende Verstand die Phantasie. Er war, wie Schiller vortrefflich bemerkt hat, nicht ein naiver Dichter, dem ein unwiderstehlicher Drang Lied um Lied entlockte; er war ein sentimentalischer Dichter, der auch seine wärmsten Empfindungen erst durch Reflexion läuterte, ehe er sie poetisch gestaltete. Daher ist er ein Meister in jener Gattung, die er nicht mehr zur Poesie rechnet, die aber trotzdem Poesie ist. Die reifsten seiner Satiren und fast sämtliche Episteln sind eine köstliche Frucht aus der Ehe römischer Männlichkeit und griechischer Anmut. Die griechische Litteratur hat ihnen nichts Ebenbürtiges an die Seite zu stellen. Weniger gelungen sind die Epoden; aber verkehrt ist es, den Wert der Oden herabzusetzen und in ihnen weiter nichts zu sehen, als einen Nachhall hellenischer Dichtung, wie denn überhaupt das bekannte Wort Wilhelm von Humboldts dem Genius der römischen Litteratur nicht gerecht wird. Zwar hat er an schwungvoller Begeisterung nicht mit einem Pindar, an heißer Leidenschaft nicht mit einem Alcäus wetteifern können. Aber im heitern Trinklied, im liebenswürdigen Freundschaftsgedicht findet er kaum seinesgleichen; hat er doch sogar im Liebeslied einmal die Höhe der Vollendung erklommen. Noch besser glückt es ihm, seiner milden Lebensweisheit, seiner aufrichtigen Vaterlandsliebe einen angemessenen Ausdruck zu leihen. Ja, selbst die maßlos gepriesenen und maßlos gescholtenen Römeroden, das carmen saeculare, die patriotischen Oden des vierten Buches enthalten nebst manchen schwächeren Stellen wahrhaftige Poesie. Man muß nur nicht dem willkürlichen Subjektivismus älterer und neuerer Ausleger sich gefangen geben, sondern die Dichtungen unbefangen auf sich wirken lassen. Horaz ist derselbe in den Oden wie in den Sermonen, kein himmelstürmender Titane, kein glänzendes Genie, aber ein vornehmer Charakter, ein warmherziger Mensch, ein echter und rechter Dichter.

Die Wirkung seiner Gedichte ist überaus groß gewesen. Zunächst besteht, wie M. Hertz sorgfältig und scharfsinnig nachgewiesen hat, ein enges Verhältnis zwischen den Dichtungen der innig befreundeten Zeitgenossen Vergil und Horaz. So weist z. B. die erste Satire des ersten Buches an zahlreichen Stellen auf alle Bücher der Georgica hin. Fast alle Dichter und Schriftsteller der ersten Kaiserzeit beziehen sich, der eine mehr, der andere weniger, auf Horazstellen; so besonders Properz und Ovid, Seneka in den Tragödien und Petron. Geradezu als Nachahmer ist Statius anzusehen, der nicht nur einzelne Wendungen, sondern ganze Motive herüber nimmt, und vor allem der Satiriker Persius, der eifrigste, aber auch der am wenigsten glückliche Schüler des Horaz. Geringer ist die Zahl der Anklänge bei Juvenal und Martial. An erster Stelle rühmt ihn Quintilian in seiner litterarhistorischen Übersicht, desgleichen Tacitus. Mit Hadrian tritt bei der Vorliebe für die Dichter der archaischen Periode Horaz mehr in den Hintergrund. Erst der Kaiser Alexander Severus wird wieder als sein Leser und Verehrer genannt. Bis zu den Pyramiden von Gizeh hat sich der Ruhm seiner Dichtungen verbreitet, wie eine dort aufgefundene Inschrift beweist. Die christlichen Schriftsteller des ausgehenden Altertums haben nächst Vergil und Cicero keinen römischen Schriftsteller so eifrig gelesen, wie Horaz, vor allem Minucius Felix, Cyprian und Tertullian. Von den spätesten Vertretern der Latinität ist der Dichter Ausonius zu nennen, sowie der christliche Cicero, Lactantius. Selbst der strenge Kirchenvater Hieronymus, der Urheber der Vulgata, citiert den Horaz an mehr als fünfzig Stellen, wofür er freilich von seinen Gegnern arg gescholten wurde. Auch benutzt der christliche Dichter Prudentius gern den alten Heiden. Und so lassen sich die Spuren des Einflusses der Horazlektüre durch das ganze fünfte Jahrhundert verfolgen bis zu der ersten wissenschaftlichen Ausgabe durch Vettius Agorius Basilius Mavortius im Jahre 527.

Aus dem Altertum ist uns eine große Anzahl von Handschriften, ungefähr 250, überkommen, dazu eine Sammlung zum Teil wertvoller Erklärungsschriften (Scholien) für den Schulgebrauch, den Horaz ahnungsvoll seinen Gedichten vorausgesagt hatte. Unter ihnen ragen die Scholien des Pomponius Porphyrion (um 200 n. Chr.) hervor, die des Acro sind unecht.

Aber auch für die Folgezeit ist Horaz ein Gegenstand unausgesetzten Studiums für die Gelehrten und Dichter geblieben, besonders seit dem Wiederaufleben der Wissenschaften im Zeitalter der Renaissance. Von den ältesten Erklärern ist mit Auszeichnung der Franzose Dionysius Lambinus zu nennen, der seit 1561 im klassischen Latein die Horazlektüre durch gründliche Gelehrsamkeit gefördert hat. Viel umstritten ist die Ausgabe des Belgiers J. Cruquius, der sich auf alte Handschriften beruft, die uns nicht erhalten sind. Aber erst das kritische Genie des Engländers R. Bentley brachte seit 1711 sichere Grundlagen für eine zuverlässige Feststellung des Textes und geschmackvolle Erklärung. Sind auch seine geistvollen Vermutungen über die ursprüngliche Lesart (Konjekturen) oft allzukühn und nicht immer notwendig, so regen sie noch heute zu tieferer Erfassung der dichterischen Absicht an. Weniger fruchtbar sind die Forschungen des Holländers Hofmann Peerlkamp seit 1834 gewesen, der durch seine im Princip nicht unberechtigte, in der Praxis maßlos subjektive Annahme von Fälschungen des Textes (Interpolationen) viel Unheil gestiftet hat. Seitdem ist die Zahl der Ausgaben und Einzelschriften ins Unendliche gewachsen; sie beweist die Beliebtheit des Dichters, seinen unvergänglichen Wert für die Heranbildung der studierenden Jugend. Es mögen unter der kaum übersehbaren Zahl der Schulausgaben die von Nauck-Krüger und die neuerdings erschienene von Kießling mit Auszeichnung genannt werden. Wir können hier weder auf die Übersetzungen, unter denen E. Geibels klassisches Liederbuch den Ehrenplatz verdient, noch auf Einzeluntersuchungen näher eingehen. Am feinsten und gründlichsten hat neuerdings O. Ribbeck das Leben und Dichten des Horaz in seiner trefflichen „Geschichte der römischen Dichtung" gewürdigt.

Wohl aber ist auf die Bedeutung unsers Dichters für die vaterländische Litteratur des 18. Jahrhunderts ein Blick zu werfen. Als diese den ersten Versuch wagte, um sich aus der trostlosen Nüchternheit der „Gottsched-Gellert-Weißeschen Wasserflut" zu befreien, da war es das Vorbild Horazens, das höhere Ziele wies. Hagedorn, Uz und Ramler dichteten ihm ihre Trink- und Liebeslieder nach. Vor allem hauchte Klopstock der verkümmerten Lyrik neues Leben ein, als er statt des armseligen Alexandriners der Franzosen die alcäische, archilochische und asklepiadeische Strophe nachbildete. Lessing züchtigte den leichtfertigen Übersetzer S. Lange und schrieb seine Rettungen des Horaz; auch sonst nimmt er oft, z. B. im Laokoon, auf ihn Bezug. Wieland übersetzte seine Satiren und Episteln. Weniger erwärmte sich Herder für ihn, der im frischen Volkslied das Ideal der Lyrik sah. Auch Goethe hat uns ein ungünstiges Urteil über Horaz hinterlassen, während Schiller ihn mit Nachdruck als den Begründer der sentimentalischen Dichtkunst und als ihr unerreichtes Vorbild feierte. Allerdings hat sich die deutsche Poesie mit Fug und Recht von einer sklavischen Nachahmung fremder Vorbilder befreit, aber ihre Vertreter haben sich je und je genährt am Marke der klassischen Dichtung. In diesem Sinne ist das Xenion zu verstehen, in dem auch Goethe einmal dem liebenswerten Menschen und Dichter huldigte:

> Tote Sprachen nennt ihr die Sprachen des Flaccus und Pindar?
> Und von beiden nur stammt, was in der unsrigen lebt.

Verlag von C. Bertelsmann in Gütersloh.

Kirchhoff, A., Studien zur Geschichte des griechischen Alphabets. 4. umgearb. Aufl. Mit einer Karte und zwei Alphabettafeln. 6 M.

— — Über die Entstehungszeit des herodotischen Geschichtswerkes. Zwei akademische Abhandlungen. 2. Aufl. (Mit einem Anhange: Über die Zeit von Herodots Aufenthalt in Sparta.) 1,60 M.

Goebel, Prof. Dr. Karl, Über den Platonischen Parmenides. 1,20 M.

Bröcker, Dr. J., Untersuchungen über Diodor. 1,20 M.

Kretzschmer, P., Beiträge zur griechischen Grammatik. Inaugural-Dissertation. 1 M.

Glaser, Dr. E., Publius Vergilius Maro als Naturdichter und Theist, Kritische und ästhetische Einleitung zu Vergils Bukolika und Georgika. 2,50 M.

Alexi, Konr. E., Das höhere Unterrichtswesen in Preußen. Die inneren Widersprüche in der jetzigen Organisation desselben und deren Beseitigung durch das zu erwartende Unterrichtsgesetz. 1,20 M.

Bintz, Dr. J., Die Gymnastik der Hellenen. Mit 18 Holzschnitten. 2 M.

— — Die Leibesübungen des Mittelalters. 2,40 M.

Harleß, Sem.-Insp. J. S. H., Abriß der Erziehungslehre. Nach den bewährtesten Quellen und eigenen Erfahrungen entworfen. 1. Abt. Erziehung im engeren Sinne. 3. Aufl. 1,20 M. — 2. Abt. Unterricht. Allgemeiner Teil. 3. verb. und durch einen geschichtlichen Anhang verm. Aufl. 2 M.

Hechtenberg, Reg.- u. Schulrat Alb., Wie gewinnt die Schule Einfluß auf die Gestaltung des Lebens ihrer Schüler? Auch ein Beitrag zur Schulreform. Ein Vortrag. 50 Pf.

Heegaard, Dr. S., Über Erziehung. Eine Darstellung der Pädagogik und ihrer Geschichte. Aus dem Dänischen übersetzt von P. D. Gleiß. 1. Teil: Theorie der Erziehung. 6 M. 2. Teil: Geschichte der Erziehung. 3 M.

Krüger, Dr. E., Für und wider die moderne Erziehungslehre. 1,20 M.

Verlag von C. Bertelsmann in Gütersloh.

Geschichte der Griechen.
Von **Dr. O. Jäger.**
5. Auflage.
Mit 145 Abbildungen, 2 Chromolithographien u. 2 Karten.
7,50 M., geb. 8,80 M.; in feinstem Halbfrzbb. 10 M.

Geschichte der Römer.
Von **Dr. O. Jäger.**
6. Auflage.
Mit 181 Abbildungen, 2 Chromolithographien u. 2 Karten.
7,50 M., geb. 8,80 M.; in feinstem Halbfrzbb. 10 M.

Foß, Prof. R., **Bilder aus der Karolingerzeit.** Mit einem Bilde. 2 M., geb. 2,60 M.

Soldan, Fr., **Deutsche Heldensagen** auf dem Boden der alten Stadt Worms. 2 M., geb. 2,80 M.

Kohlrausch, Friedr., **Kurze Darstellung der deutschen Geschichte.** 14. berichtigte und vermehrte Aufl. (Bis zum Tode Kaiser Wilhelms I. fortgeführt.) 2 M., geb. 2,40 M.

Klee, Gotthold, **Bilder aus der älteren deutschen Geschichte.** 1. Reihe: **Die Urzeit bis zum Beginn der Völkerwanderung.** 2,25 M., geb. 3 M. — 2. Reihe: **Die Zeit der Völkerwanderung.** 3 M., geb. 4 M. — 3. Reihe: **Geschichtsbilder aus den Reichen der Langobarden und Merowingischen Franken.** 3 M., geb. 4 M.

— — **Die deutschen Heldensagen** für jung und alt wiedererzählt. Mit 5 Bildern von F. A. Joerdens und Jul. Schnorr. 3. Aufl. 3,60 M., geb. 4,50 M.

— — **Sieben Bücher deutscher Volkssagen.** Eine Auswahl für jung und alt. 2 Bände mit 8 Holzschn. Kart. 7 M.